HANS-DIETER SCHÜTT

EKKEHARD SCHALL
»Ich hab's erlebt,
 was will man mehr«

LETZTE GESPRÄCHE

DAS NEUE BERLIN

INHALT

HANS-DIETER SCHÜTT
9   *Dem Ehrgeiz, der dich packt, gehorche!*

ERSTES GESPRÄCH
41 *Du gehst mit einer Rolle auf Wanderung.*
    Sie ist die Felswand. Plötzlich hängst du im Eis

ZWEITES GESPRÄCH
71 *Man kann spielend jede Haltung annehmen.*
    Und sich wieder von ihr verabschieden –
    wie von einer Freundin

DRITTES GESPRÄCH
99 *Im besten Sinne: Der Beruf*
    sollte mich das Leben kosten.
    Sterben würde ich im Mittelmaß

VIERTES GESPRÄCH
137 *Wir sind nicht klüger,*
    nur weil wir später leben

STIMMEN AUS DER NÄHE
153 **HEINER MÜLLER**
154 **STEPHAN SUSCHKE**
166 **BARBARA BRECHT-SCHALL**
176 **HILMAR THATE**
187 **JOHANNA SCHALL**

BIOGRAFISCHES
189 *Ekkehard Schall: Der Schauspieler*

*Ich habe es geschafft,
weil ich nicht wusste,
dass es unmöglich war.*

JEAN-PIERRE MELVILLE

*Der Künstler in der Bedeutungsflaute der Ewigkeit,
Brecht als Wolkenverschieber,
nahe den Engeln und ihrem Atem aus Abendhauch,
nahe ihren Flügeln,
doch ohne einen Hauseingang,
in den sie sich drücken ließen.*

ALBERT OSTERMAIER

Ekkehard Schall als Arturo Ui, Berliner Ensemble

HANS-DIETER SCHÜTT

Dem Ehrgeiz, der dich packt, gehorche!

1.
*Die Helle der Welt ist der Maßstab der Finsternis,
und die lastende Nacht in der Kunst
braucht die Helle des Tags (die Öffentlichkeit),
um erkennbar zu sein, beurteilbar. Und: beeindruckend.*
E. S.

Ekkehard Schall starb am 3. September 2005. Die Gespräche dieses Buches fanden zwischen Sommer 1998 und April 2004 statt. Es waren Treffen in losen Abständen: auf Schloss Gottorf in Schleswig, wo Schall den Teufel in Hofmannsthals »Jedermann« gab; in des Schauspielers Zuhause in Buckow; in den Räumen des Berliner theaters 89; im Haus der Berliner Festspiele, wo Schall den Bauern Galloudec in Ulrich Mühes Heiner-Müller-Inszenierung »Der Auftrag« probierte; und nach der Premiere wieder in Buckow.

Gespräche ohne Eile, ohne jede Vorgabe eines Redaktionsschlusses. Gespräche zwischen Bäumen am See in der Märkischen Schweiz oder zwischen Papierstapeln im Arbeitszimmer, ich sah Requisiten, Kostüme und den Stuhl des Azdak – die Wohnung ein Archiv; Schall schaufelte während unserer Gespräche sehr gern, fiebrig freudig manchmal wie ein Kind, eigenes Geschriebenes herbei, las vor. Oft sprach er von der Lust, Gedichte sowie Texte über seine Schauspielmethodik demnächst zu veröffentlichen – er tat's in seinen Schriften, »Schule meines Theaters« (2001), und mehreren Lyrikbänden; diese Bücher kamen den Gesprächen, die dieses Buch nun bündelt, zuvor. Schall wollte es so; jeder einzelne Band wende sich doch an einen jeweils anderen Leserkreis. So also streute er möglichst weit, was er zu sagen hatte, und es ist ja alles gut getan, was dazu beiträgt, einen Großen der Bühne auf verschiedene Weise im Gedächtnis zu halten.

Bei jeder Fahrt zu einer der Verabredungen gestand ich mir mit gern produziertem Pathos das Glück, gerade wieder zu einem der wahrhaft bedeutendsten Schauspieler des zeitgenössischen Theaters unterwegs zu sein. Den spielenden Schall gesehen zu haben: Es ist für mich, vielleicht, nur vergleichbar mit dem Erlebnis Gert Voss. Jeder der beiden ein jeweils völlig entgegengesetzter Schauspielertyp, und dennoch ... die Kraft, die dich als Zuschauer aushebelt und also süchtig macht nach Theater, hat viele Gesichter und Gestalten. Den erwähnten Burgschauspieler charakterisierte ein britischer Kollege mit den Worten: »Mit drei Wesen möchte ich, aus Gründen tief empfundener Unsicherheit, nie auf einer Bühne stehen: einem Tier, einem Kind – und Gert Voss.« So, wie speziell die Engländer Voss hoch verehrten, so huldigten sie über viele Jahre auf besondere Weise auch Ekkehard Schall, und gemeinsam hatten beide Künstler noch etwas: Tätig im Olymp ihrer Sparte, fehlte ihnen doch der Adel moderner Popularität – eine Filmkarriere. Es ist dies ein konsequenter Ausdruck just ihrer olympischen Verpflichtung, es ist Beleg ihrer Verausgabungsexistenz, die keine Nebenschauplätze vertrug. Der berühmt gewordene Protagonismus eines Theaterlebens als Lohn einer exzessiven, obsessiven Anstrengung – aber errungen um den Preis eines Virtuosentums fern jenes Glamours, der heute stärker denn je Namen schafft und Geltung gibt.

Franz Kafka, genial und scheu zugleich – ein Mensch, der nichts weniger als eitel war, er hat die Schauspieler geliebt. Er sprach neidvoll von deren »göttlicher Frechheit des Angeschautwerden-Könnens«. Ihm ein Staunensgrund: Wie sicher muss sich jemand seiner Seele und seiner Ausdruckskraft sein, um sich so ausdauernd offen ausstellen zu können; wie bedenkenlos grausam gegen sich selbst muss man werden, um Abend für Abend diese Niederwerfung der eigenen Scham zu betreiben, dies gar als Elixier zu genießen und sich selber als Freudegut zu verkaufen an die Blicke fremder Menschen!

Im Zusammenhang mit dem Werk des Schauspielkünstlers Ekkehard Schall über Selbst- und Seelensicherheit zu reden, führt freilich nicht in die Nähe Kafkas, sondern unmittelbar zu Bertolt Brecht. Ans Berliner Ensemble.

Schall war nicht schlechthin auf einer Bühne, er dachte körperlich. Er ging auf Montage (von Haltungen) – und geriet dann auf faszinierende Weise in ein kontrolliertes Rasen oder in ein wildes Innehalten. In ein durchdachtes Vibrieren. Er bekannte sich zur Schauspielkunst programmatisch, er sah sie durchgehend als eine Kunst des von Erkenntnis-Sehnsucht befeuerten Veräußerns – von Gedanken und Gefühlen. Schalls Spiel kam nicht aus dem Bauch, er versank nicht im Intuitiven, er stieg uns Zuschauern willentlich zu Kopf. Stieg zu Hirn. Schauspiel als Denk-Sport. Er konnte den Gestus einer Gestalt, wie einen Steinblock, zirkelnd über die Bühne schieben. Oder aber mit den Steinblöcken bällchenweich jonglieren.

Seine chaplineske Weltleistung am Berliner Ensemble bleibt der Arturo Ui (Premiere 1959 als 29-Jähriger, dann 532 Vorstellungen). Aber auch die anderen Rollen – der tanzende Eilif, der José Carrar, das genialisch anmaßende Schlachtfeld-Muttersöhnchen Coriolan, dann der Azdak, Woyzeck, Flieger Sun, der absinthverzückt grinsende Puntila, der enorm stille Galilei, des weiteren Baal, Shlink, Slift, Rigault, Charles Fairchild, Fatzer – zeigten Schall als einen leidenschaftlich kühlen Spezialisten des Uneinheitlichen; er war ein Arbeiter auf einem Bau, und zwar ein Arbeiter der rumorenden, der so kräftigen wie sensiblen Verfugung von Widersprüchen; seine Rollen baute er so, wie Fachleute verlässlich haltbare Schweißnähte zwischen Metallplatten setzen.

Unmittelbar nach jenem Arturo Ui, mit dem sich Schall ins Pantheon des artistisch geistvollen Theaters gezaubert hatte, nach diesem weltberühmt hysterischen Bewegungsfeuerwerk in Brechts Parabel – da zeigte er am Berliner Ensemble in einer weiteren Rolle neuerliche, aber extrem andere Zauberei. Schall offenbarte, dass auch Regungslosigkeit feuriges Glühen sein kann; er legte hinter streng eingefasstem Gezügeltsein lodernde Nerven bloß; er spielte Zuhören so, dass man zwar Zuhören sah, aber aggressive Ungeduld und kampfbereites Lauern dachte – er gab die Titelrolle in Heinar Kipphardts Dokumentarstück »In der Sache J. Robert Oppenheimer« (1964).

Das war Befragungsdramatik, die einzig auf Verhörspannung setzte – ein Stück über das Dilemma der Atompolitik, und ein Theater, das am genauesten bezeugte, was Kipphardts Sache immer war: »zu fragen, wie man sich in bedrängender Situation verhält, wie das Gewissen reagiert, wie man handelt« (Günther Rühle). Eine Simulation von Zwangslagen. Das war ja auch Schalls Haupttätigkeit. Er arbeitete lebenslang gegen den Typus des naturalistischen Spielers und gegen die Darstellung klein angesetzter Lebenszüge. Er wollte »von großer Art« sein, wie es Brecht für ihn formulierte, er wollte aussagen, angreifen, er hasste ausstrichelnde Wirklichkeitsmalerei. Sein Angebot für den Zuschauer: Brüche – sie zu sammeln und aneinanderzureihen, darin erfüllte sich seine Obsession. Ein ständiges Wechselspiel mit Sympathie und Antipathie. Auf der Bühne wie im Zuschauerraum. Mit seiner sezierenden Spielauffassung wurde er berühmt, aber sie polarisierte auch. Umstritten zu bleiben, darauf achtete dieser grelle Poet des Ungefügen. Kritiker sprachen gern vom Manierismus – ich bewunderte diesen geradezu manischen Drang, mit artistischen Mitteln scheinbar die Gesetze der Schwerkraft zu überlisten und somit landläufige Wahrnehmungsformen im Theater aufzubrechen. Noch lange in seinem Leben sprach er vom Hörder in Brechts Inszenierung von Bechers »Winterschlacht« (1955) als der größten künstlerischen Krise in früher Zeit des Berliner Ensembles: Es war, von Brecht erzwungen, der Abschied eines Schauspielers vom Übereifer des traditionell-hitzig Heldischen.

Schall hatte J. Robert Oppenheimer gespielt, mit intelligenter Scheu, kühler Panzerung und einem aufblitzenden Messergeist – und er wird am gleichen Theater den Galilei geben, 1978, ganz aus einem tiefen Wohlgefühl des Denkens heraus; Vernunft als Genuss, bei dem dieses Denken gleichsam sein tänzerisches Talent entdeckt zwischen Strategie und Taktik. Galilei als listiger Gesandter, der Paul Claudels Motto lebt: Gott schreibt gerade – auch auf krummen Zeilen. Dieser Galilei, so schrieb Regisseur Manfred Wekwerth, sei für Schall »eine Rückkehr zur Normalität gewesen, ohne die Schauspielkunst besonders bei großen Figuren wie dem Wissenschaftler Galilei nicht denkbar ist. Durch hartes und geduldiges Training fand er eine Sprache aus einer ruhenden Mitte von verblüffender Natürlichkeit, die in Wirklichkeit mit viel Kunst hergestellt wurde.« Und Wekwerth zitiert den Kritiker Carl Andrießen: »Schall spielt diesen in seinem Format verkleinerten Galilei aufopfernd, denn Schall muss psychologisieren; sein Galilei nach dem Widerruf ist große Klasse. Oft oder immer fand ich Schall faszinierend, ergriffen hat er mich nie. Ein neuer Galilei, ein neuer Schall.«

Der Schauspieler hinterließ mit seinem Werk Szenen-Bilder voller Anarchie und toller Albernheit; wer ihn sah, dem bleiben Erinnerungen an philosophischen Witz und abgründige Clownerie. Er lernte und sprach nicht Texte, er bohrte sich Dichterworte wie Sprengladungen in den Körper – und wenn er außerhalb von Rollen »nur« zu rezitieren aufgerufen war, bei Gedichten etwa, da bangte man stets ein wenig um seine Textsicherheit; die Sicherheit seines Gedächtnisses zielte aufs Inwendige, nicht aufs Auswendige, er fühlte sich nicht wohl als Rezitator; er fühlte sich fremd, sollte er lediglich auftreten, fern szenischer Setzungen.

In Magdeburg geboren, 1930, erlebte er das Kriegsende in großem Hunger nach Kunst. Dieser Hunger war die Rettung vorm wirklichen Hunger. Ein junger Expressionist totaler Lebensgier. »In der Trümmerwelt jener Jahre war das poetische Wort für mich ein fleischlicher Zwang zum Genuss, es zu zerbeißen, es zu kosten und diese Kostbarkeit, wie Perlen vor die Säue, um mich zu werfen.« Kriegsende. Aller Lüste Anfang. »Dem Ehrgeiz, der Dich packt, gehorche«, solche Selbstbefehle hackt der Neunzehnjährige appellarisch in die Schreibmaschine.

Brecht sucht 1952 für »Die Gewehre der Frau Carrar« einen Darsteller des José, es wird Schalls große biografische Fügung. Später ist er jahrelang, bis 1991, stellvertretender Intendant des Berliner Ensembles. Er bekam nicht nur Rollen, er nahm sie. Er nahm Einfluss. Er nahm sich, was sich zu seinen Gunsten ergab. Er nahm keine Rücksicht auf sich. Und er spielte neben Hilmar Thate – beide wurden das goldene Kapital der Bühne am Schiffbauerdamm. Durch Thates gedrungen-wuchtige, sinnliche Kraft war das Protagonisten-Dasein am BE mehrere Jahre ein spannender Zwei-Kampf der Gegenwirkungen. Es war einmalig. Es war genial. Es war Glück. Für zehn DDR-Mark saß man im BE in der ersten Reihe, und Hirn und Herz sahen gleichsam mit offenem Mund hinauf zur Bühne. Über ein BE-Gastspiel 1956 schrieb der Kritiker Kenneth Tynan: »Brechts Schauspieler bewegen sich nicht wie westliche Schauspieler. Sie erdrücken uns weder durch ihre Persönlichkeit noch bezaubern sie uns durch Charme. In ihrer Beleuchtung, einem schneeweißen Glanz, und in ihrer Gruppierung, die wie ein Panorama von Bruegel ist, wird das Leben vor dir ausgebreitet. Es springt dir nicht an den Hals und schreit dir nicht Geheimnisse ins Ohr.«

Es gehört zur Tragik Schalls, dass just sein intelligenter Expressionismus, höchst geschult am Verfremdungsbegriff Brechts, über Jahrzehnte hinweg spielplanbestimmend war fürs BE. Der Unentbehrliche. So blieben dem frühen Weltmeister des epischen Theaters leider andere (Bühnen-)Welten verschlossen. Zum Beispiel interessierte sich Fritz Kortner für ihn, auch Hans Henny Jahnn, er hatte Schall in der »Carrar« gesehen und wollte ihn unbedingt für eine Aufführung seines Stücks »Spur des dunklen Engels« in Westberlin haben. Brecht lehnte das ab – Schall selbst erfuhr erst Jahre später von diesem

Vorgang aus den fünfziger Jahren. Es war sein Pech, so zeitig so großes künstlerisches Glück erfahren zu haben, das ihn im besten Sinne des Wortes fesseln würde. Aber dies Glück war andererseits durchschlagend existenziell für ihn: Er arbeitete im BE mit einem Theatergenie zusammen. Und erlebte dessen schwierige Inszenierungspraxis gegen den Widerstand der SED-Kulturbürokratie. Erst die Paris-Tournee des Berliner Ensembles mit der »Mutter Courage« 1954 brachte den internationalen Rückenwind; der Philosoph Roland Barthes schrieb damals, 2400 Jahre aristotelisches Theater seien nun vorbei, man habe die Zukunft gesehen. Und der Kritiker der »l'Humanite« nannte Schall in der Rolle des Eilif, Sohn der Mutter Courage, einen »blonden Engel des Krieges«.

Dieses Buch kann nicht die Geschichte des Berliner Ensembles erzählen. Aber freilich ist das Leben Schalls hineingestellt in die Biografie dieser Brechtschen Theateridee, ihrer Verwirklichungen und Verwicklungen in die gesellschaftliche Praxis, ihrer Öffnungen und Verkapselungen in einem komplizierten Staatswesen aus geschichtlichen Neuansätzen und früh wuchernden Verkrustungen. Im Existenzwandel der DDR von Hoffnung zu Agonie war das BE Welt und Gegenwelt zugleich. In Aufführungen, die gegen die Engstirnigkeit der SED-Normverwalter durchgesetzt und gewissermaßen erst über den Weltruhm spät im eigenen Lande ankommen durften. In Aufführungen, die das Niveau dieses Theaters über Jahre hin zum allseits bestaunten Modellfall moderner Bühnenpraxis erhoben; in Aufführungen, die das Modelldenken sprengten, neue Maßstäbe versuchten, umfehdet und gar abgesetzt wurden; in Aufführungen schließlich, die einer allgemeinen gesellschaftlichen Müdigkeit nichts mehr entgegenzusetzen hatten. Es zeigte sich so ein konfliktreiches Werden und Vergehen, wie es jedem Lebewesen als Erfahrungslust und -schmerz aufgegeben ist. Schall mittendrin, in ihm verkörpert: der Aufbruch wie die Angst vorm Bruch, die Neuerung wie der Denkmalschutz.

Wirkliche Verjüngung war dem Berliner Ensemble ab einem bestimmten Punkt nicht mehr vergönnt gewesen, zu viel gut begründete, aber ungut befestigte Repräsentanz stand gegen jenes Wegfegende, das Experimenten eigen ist. Helene Weigel, die Wahrerin, versus Manfred Wekwerth, den Öffner und letztverbliebenen Brecht-Schüler (Palitzsch, Monk, Besson im Westen). Ihm öffnete sich zunächst nur noch die Tür hinaus – die Weigel siegte. Nach ihrem Tod 1971 kam Ruth Berghaus. Sie inszenierte Brechts »Mutter« auf einer Müllkippe: ein Bild als Befund. B. K. Tragelehn und Einar Schleef wagten 1975 mit »Fräulein Julie« von Strindberg den Hieb in alle geheiligte Ästhetik. Absetzung. Vertreibung der Regisseure. Machtkämpfe. Wekwerth kam wieder. Kam, sah und siegte? Er kam, sah sich hauptsächlich vor, und die Siege waren mitunter nur noch eine behäbige Bestandswahrung. Der einstige Öffner, auch er ein Gefangener. »die verfluchte ordentlichkeit, normalität, vernünftigkeit im haus«, schreibt Volker Braun im Werktagebuch 1978.

Nach dem Ende der DDR dann die schnellen, unglücklichen Wechsel an der Spitze. Von Zadek/Marquardt/Palitzsch und Müller zu dessen Allein-Intendanz, nach seinem Tod dann Martin Wuttke und Stephan Suschke. Seit 1999 ist das BE das Theater Claus Peymanns. Letzte Arbeits-Station dieses großen, verzweifelten, kindlichen, kindischen, leidenschaftlich schwitzköpfigen und gaukelfreudigen Illusionisten der Aufklärung, dessen abschließende trotzige Theaterjahre an den lebenslustvollen Aufruf von Einar Schleef erinnern: »Erobert euer Grab!« Der Satz feiert den Umstand, dass es immer ums Leben vor dem Tode geht – gib diesem Leben Form, bau ihm eine unverwechselbare Gestalt! Aufgeben muss irgendwann jeder, aber gib dich deshalb nicht vorzeitig auf.

Das Berliner Ensemble war nicht DDR-ewig, aber doch sehr lange Zeit eine Burg des Neuen, man glaubte dort zutiefst an ein philosophisches Theater und arbeitete kräftig am hochwertigen Irrtum, es habe nun wirklich ein wissenschaftliches Zeitalter begonnen. Das Staatstheater BE war für Schall »eine starke Bastion, die Schutz bot gegen administrierte Blödheit«. Wer so wie er, wunderbar hochfahrend, erregt und erregend

Theater wie Leben betreibt, wie will der, nach den Zusammenbrüchen von 1989, ein zweites Mal glücklich werden? Und an welchem Theater!? So sehr Schall am Schiffbauerdamm der auffällige, mitunter auch autoritäre Solist war, so unzweifelhaft erwuchs sein Spiel doch aus starkem Konzeptbedürfnis – Impulse für die zu meisternde Form mussten ihm unbedingt aus Gemeinsinn kommen und mussten auf ein Gemeinwesen zielen können. Wo wäre das nach der sogenannten Wende möglich gewesen? Zumal für einen, der auch außerhalb des Theaters dem Brechtschen »Lied vom Klassenfeind« nicht abzuschwören bereit war. Es gehört zum Eigensinn Schalls, dass er – mit dem Ende der DDR und »seines« Berliner Ensembles – den Urgrund seiner Arbeit niemals verraten und nie auf einem Altar der Beliebigkeit geopfert hat.

1989 schrieb er: »Wir, die im Ensemble mit Brecht Befassten, waren nicht, was immer wir sein sollten, was immer Leute sich wünschten, dass wir es wären, wir waren auch kein Orden mit Initiationsriten. Wir waren eine zerstrittene Gemeinschaft eigenwilliger Köpfe, eng verbunden. Allerdings war der feste Zusammenhang nach Brechts Tod nur noch bedingt vorhanden und löste sich endlich auf. So wurden Ensemblemitglieder elitär, weil sie sich vereinzelten, wobei sie auch dann nicht das Stigma, bei Brecht gelernt zu haben, los wurden. Wo sind die Übriggebliebenen? Regine Lutz und Benno Besson in der Schweiz, Carl Maria Weber in den USA, Fred Düren und Igael Tumarkin in Israel, Wolfgang Pintzka in Norwegen, und verstreut in Deutschland Uta Birnbaum, Angelika Hurwicz, Hilmar Thate, Käthe Reichel, Vera Skupin, Lothar Bellag, Erwin Geschonneck, Claus Hubalek, Klaus Küchenmeister, Egon Monk, Peter Palitzsch, Hartmut Reck, Heinz Schubert, Peter Voigt, Manfred Wekwerth und andere, diese alle ohne oder mit kaum noch befestigender Gemeinsamkeit.«

2.
Wie's war, wird's sein! Ein böses Omen.
Wie's kommt, war's nie! Ein wahres Wort.
Wenn Antwort fraglos ist gekommen
sucht man den Sinn am falschen Ort.
E. S.

Dichter hinterlassen mitunter nicht nur ein Werk, sie hinterlassen auch Schüler. Manche derer lassen nichts auf den Meister kommen, so entstehen Schulmeister. Brecht könnte ein Lied davon singen.

Nichts mehr auf einen Dichter kommen zu lassen, das hält ihn rein? Kein guter Zustand für einen Dichter. Denn so stirbt er nach dem Tode noch einmal, und zwar gründlich – durch die furchtbare Marter angeblicher Unangreifbarkeit. Die Bücher werden dann zum Grundbuch, in das man sich einträgt, und schon ist die Interpretation besetzt wie Grund und Boden. Es beginnt auf diese Weise die Zeit der Verjagungen: überall Werktreue-Wächter. Jede Dichter-Schule tendiert zum Petersdom. Regisseur und Dichter B. K. Tragelehn war Brecht-Schüler – aber er dichtete über Brecht: »Sie, der belehrbare Lehrer / Lehrten Lernen. / Das bleibt uns.« Lernen heißt: kritisieren, zweifeln, fragen, am Denkmal die Roststellen preisen. Denn ein Denkmal steht, der Rost aber ist lebendig, er ist menschlich nahezu: Er frisst sich durch. Lernen heißt nicht: sich einbetonieren in Katechismen, heißt nicht, die Antworten des Dichters wie eine Reliquie durch die Zeiten tragen. Ein Satz von Barbara Brecht-Schall: »Ich weiß nicht, ob dort, wo große Leute Schulen hatten, die Schulen so gut waren wie die großen Leute.«

Schalls Spiel-Werk erzählt von den Mühen, Brecht lebendig zu halten durch fortdauernde Fragen ans Werk, ins Werk hinein. Fragen an sich selbst. »Vom Lachen über die Welt zum Leben mit der Welt«, »Von den Sterbenden. Von den Gestorbenen. Von den Lebenden«, »Fragen. Klagen. Antworten« – das sind die Titel dreier großer Brecht-Abende zwischen 1977 und 1984.

Eingerichtet und gestaltet von Schall (am Klavier: Karl-Heinz Nehring, künstlerische Beratung: Barbara Brecht-Schall).

Die drei CDs präsentieren die Denkstimme des Darstellers. Das Einschmeicheln liegt dieser Stimme nicht. Betörung mutet ihr wie ein Betrug an. Ihre Helligkeit ist die eines Punktscheinwerfers. Sie neigt eher zum Spitzen als zum Runden, eher zum Peitschenleder als zum Samt. Die Arbeit Schalls behält, wo sie doch größte Lust und Freiheit ist, dennoch eine harte, untilgbare, ja bewusst vorgezeigte Spur von Not. Not? Da singt, da spricht einer doch aus tönender, quiekender, röhrender, brennender Freude?! Ja schon, aber nicht aus voraussetzungslosem Vergnügen. Die Stimme Schalls füllt zuvörderst nicht Räume, sondern ein Defizit. Denn während er singt oder rezitiert, erzählt er uns gleichzeitig: Wenn etwas in der Welt wirklich so wäre, wie es sein sollte, dann hätten wir den Mund nur immer zum Essen und Trinken aufgemacht. Aber wir machen aus besagter Not den Mund zum Beten auf – zum Beten oder zum Schreien oder zum Erzählen oder zum Singen. Eines ist wie das jeweils andere. Und das Ziel? Dass uns jemand hört. Dass wir einander hören. Diese Notwendigkeit in uns zum Ausdruck bringen – mehr kann Kunst nicht, weniger darf sie nicht.

Aus Schalls Kunstausübung kommt eine Aufforderung: beim Hören sozial tendiert bleiben, wie der Singende und Sprechende ja auch sozial tendiert bleibt. Der Eine erhebt die Stimme (wie man sich aufrappelt, wenn man am Boden lag), und andere Menschen hören zu – weil man mit seinem Fürchten und seinem Wünschen nicht allein sein will. Die Welt wär sonst nicht auszuhalten. Der Kunst ein- und ausatmende Mensch tauft sich mit Geschichte, firmt sich mit Utopie; die wichtigste Frage, wer er sei, lässt er sich nicht nur von Eltern, Schule, Kirche, Drei-Groschen-Blatt und Staat beantworten. Deren Antworten lassen doch mehr als einen Wunsch offen, die wollen von uns nur, was sie von uns gebrauchen können. Jeder Mensch ist aber weit mehr als bloß seine Brauchbarkeit. Unsere wirklich hilfreichen Patrone sind andere, es sind auch diejenigen, die Brechts kolossale, unsterbliche Lyrik bilden. Die Marie A., die gegerbten Abenteurer und Trinker und Seeräuber und Romantiker aus Bilbao oder Alabama, das Fischweib, der lesend fragende Arbeiter, alle Verdammten dieser Erde, Genosse und Klassenfeind. Alle oder keiner.

Nach über hundert Liedern, Gedichten, Balladen, Berichten (Laufzeit der CDs etwa 150 Minuten) kann man so aufgeladen wie erschlagen sagen: So, jetzt, nach dem Hören, steht man schon anders da. Jetzt kann die Welt ruhig kommen. Man hat nun einen Erfahrungswert. Im Verein mit Brecht und Schall ist man jemand. Ein Hör-Spiel-Erlebnis. Unvernutzte Kunst bis heute. Das wahre Zeitlose ist das fortwährend Akute. Schall treibt Brechts Dialektik von Verstand und Sinnlichkeit bis zum Zerreißen vorwärts. Das oft so notorisch gebrochene Verhältnis von Geist und Emotion tritt hier wieder fest auf. Der lebendige Körper als Weltfühler. Das Clowneske kalt lohend. Schall beargwöhnt das Unschöne, das scheinbar Unabänderliche; aber er erzählt dabei den Menschen, der seine arglose Natur entdecken darf, dort, wo ihm das Ändern der Verhältnisse zur schönen Gewohnheit wird. Wer das hören kann, wird fühlen. Alles Reden und Richten in diesen Texten, alles Klagen und Bangen, alles Sehnen und Tun ist der Güte zugetan – aber in vielen Versen schwingt auch die Jahrhundert-Trauer mit, darüber, dass man sich just von der Güte, auf langen Märschen durch dornige Zeiten, immer wieder so bitter leicht entfernen kann. Güte ist Arbeit.

So wird das immer bleiben mit Brecht: Den einen ein Impulsgeber für die Veränderung der Welt – anderen aber gerade in diesem Punkt zu sehr ein angreifbarer Methodenlieferant. Den einen ein weiser, hellsichtiger, parteilicher Dichter mit Praxisanspruch genau dort, wo die Bedürfnisse der Unglücklichen auf die Tagesordnung zu setzen sind, den anderen aber eher dort ein Gigant, wo er geheimnisvoll, anarchistisch, dunkel und böse bleibt. Das Erhebende, Verblüffende an Brecht bleibt (und an Schalls Abenden ist es abzulesen), dass man für das Weise und das Naive, für das Klare und das Geheimnisvolle, für das Anarchistische und das Parteiliche oft die gleichen Dichtungen heranziehen kann. Martin Walser: »Jeder kann nachlesen, was für eine radikaldemokratische Vorstellung er von der Partei hatte. Hundertfach sind seine Dialektik-Verherrlichungen, und sie heißen einfach: Sprechen darf nur, wer hört.« Hartmut Lange: »Die marxistische Vernunftseligkeit und die daraus resultierende Gewissheit bekamen durch Brecht einen unverwechselbaren deutschen Ton: Witz bis zum Sarkasmus. Intellektuelle Schärfe. Auf Wissenschaft begründete Rechthaberei.« Christoph Ransmayr: »Dieser Dichter war in seinen politischen Ratschlägen wohl nicht hellsichtiger als andere Wohlmeinende seiner Zeit, war nicht klüger und irrte wohl nicht öfter als der nächstbeste einsichtige Mann. Eines aber hatte er seinen Zeitgenossen ganz gewiss voraus: eine unvergleichliche Poesie, mit der er selbst strategischen Gedanken einen gemäßen Platz zuweisen konnte; seine Texte standen an Friedfertigkeit und Tiefe den Versen des mythenverzauberten Weisen Lao-tse um nichts nach.« Albert Ostermaier: »Wer als Autor Haltung bezieht, dem sitzt immer als ›letzter Gesellschafter‹ das Nichts gegenüber. Er riskiert das Gelächter der Nachgeborenen, wenn er für das Lachen der in eine gefährdete Welt Geborenen kämpft: Indem er die Zustände angreift, macht er sich und seine Standpunkte angreifbar und grenzt sich ab von denen, die sich zwischen den Zeilen verstecken.«

Vier Ansichten von vier Schriftstellern. Schall gibt ihnen Körper und Ton. Ehern und gehärtet, quellend und feist, zischend und lieblich, pfeffernd und pfeilspitz. Wenn er singt, singt er jung wie auch vergreist, er röchelt, er ätzt, er flüstert, er schreit sich den Mund zur mauloffenen Trommel rund, er jauchzt, er kann unverkrampft bittend und rednerisch beschwingt sein, er grölt und greint, er schmettert und schmollt, seine Stimme starrt fusel-satt ins Leere oder reißt sich das Wort agitpropper aus dem Vollen. Und wie erschütternd zart erzählt er den »Kinderkreuzzug«. Alle Süchte, die der Mensch haben kann, brechen ein in diese Stimme, und diese Stimme bricht gern ein unter diesen Süchten. Der Kerl suhlt sich gerne großkotzig im Seeräuberischen von Brechts Balladen, hetzt sich ins Tönekotzen, das den Mund in unendliche Breiten zieht, bis man im letzten Gurgeln meint, gleich schwappe das erbarmungslose Ozeanwasser aus dem CD-Player. Diese Stimme ist mitunter ergreifend inständig, eine Stimme, als teile Schall das Schicksal aller Woyzecks dieser Welt. Er erzählt vom Menschen, den das Freundlichsein in unguter Gesellschaft wehrlos macht bis zur Schwäche, schwach bis zur Vernunft, vernünftig bis zur Angst. Aber es ist auch ein Mensch, der stark ist in seiner Unvernunft und unvernünftig in seiner Furchtlosigkeit. Schall interessiert an Brecht – und an sich selber – das ausdauernde Training dieser einen riskanten Sportart: der Gratwanderung.

Das Erstaunliche ist die Art, mit der Schall alles Schwere und Leichte, alles Kämpferische und Genussgeile verbindet; klug noch in den Verdrossenheiten, tückisch zweifelnd noch in den Verkündigungen. Ein methodisch durchdachtes Labyrinth der Verhaltensweisen eröffnet sich, und wir hören Klopfzeichen des liebenden, kriegerischen, formbaren, verführbaren Menschen.

3.
Als ich meinem Vater sagte, ich müsse zum Volkssturm,
denn ein aufforderndes Schreiben sei angekommen,
gab er mir eine Ohrfeige. Er war kein Nazi,
aber Parteimitglied. Mitschuldiger, den ich
zu verachten lernte – und doch weiter liebte.
E. S.

Schall liest, wie einst Helmut Qualtinger, aus »Mein Kampf«. Auf zwei CDs. 1996. Musik: Cäsar Peter Gläser, einst Renft-Combo, Regie: Gerda Zschiedrich. Der Präsident des Zentralrates der Juden in Deutschland, Ignaz Bubis, kritisiert postwendend via »MDR-Kultur« diese Veröffentlichung des Eulenspiegel Verlages. »Das ist Wasser auf die Mühlen der heutigen Rechtsextremisten«, sagt Bubis. Für wissenschaftliche Zwecke sei die Herausgabe einer Schallplatte mit Hitler-

Zitaten möglich – allgemeiner Zugang jedoch müsse ausgeschlossen werden.

Nun könnte man zustimmend sagen: Ja, wer über ein solches Projekt erschrocken ist, reagiert gesund. Aber der künstlerische ist kein »allgemeiner« Zugang, sondern eine spezielle Form der Auseinandersetzung. Die schützt nicht vor Missbrauch, natürlich nicht. Aber Kunst hat ein Recht darauf, Publikum durch Interpretation einem Bedrängnis auszusetzen. Erkennbar wird durch Schalls Version jene gefährlichste Intoleranz, die, so theoriebeflissen sie sich geben mag, doch gänzlich ohne Theorie auskommt – da sie allein aufgrund elementarer Triebe entsteht. Deshalb kann so etwas wie »Mein Kampf« mit Vernunft nicht wirklich aufgehalten werden. Das Werk gründet sich, wie Umberto Eco schrieb, »auf kategoriale Kurzschlüsse, die sich noch heute jedem Rassismus als Leihgabe anbieten können. Diese Kurzschlüsse sind um so schrecklicher, als sie für jeden von uns eine ständige Versuchung darstellen – es genügt, dass uns auf dem Flughafen eines beliebigen Landes der Koffer gestohlen wurde, und schon behaupten wir, dass man den Bewohnern jenes Landes nicht trauen dürfe.«

Schalls Eigenheit: diese unverwechselbare gestische Kraftentfaltung, diese Schattierungskunst der Stimme, die bis in einzelne Buchstaben hinein Verhaltensforschung betreibt. Das mulmige Pathos der Anmaßung. Frech-krähende Rummelplatzkrakeelerei. Ihm kommt bei diesem widerlichen Text vielleicht zugute, dass er nie jugendlicher, strahlend-vollkommener Held war – Schall vermittelte in den besten Momenten seines kantigen, extravaganten Spiels stets den Spaß an der Distanz.

Manchmal schien es ja überhaupt in seinem Spiel, als schaue er, die eigenen Reaktionen beobachtend, naiv staunend an sich selber herab. Ein Körperspieler der Kopfgeburten. (»Mein Kampf«: die nötige, weil warnende Kehrseite jener Tonaufnahme, die Schall vor Jahren, gemeinsam mit Helene Weigel, ebenfalls zum Hör-Ereignis gemacht hatte – Brechts am »Kommunistischen Manifest« orientiertes »Lehrgedicht von der Natur des Menschen«.)

Schall im Booklet zu den CDs: »Ich habe den Text auf Intelligenz abgeklopft. Ich habe intelligent gesprochen, und der Text decouvriert sich selbst – indem seine Intelligenz in der Höhe gezeigt wird, in der sie vorhanden ist.« Der Schauspieler präsentiert »Mein Kampf« als dampfend-verzweifelte Hirnanstrengung, just damit verweist er aufs Phänomen, das einen beschäftigen muss: Wie nur und warum nur fällt die Gattung Mensch auf solche Dumpfheiten herein? Dies frag nicht andere, dies frag dich selbst. Denn das Geheimnisvolle, das Gefährliche zwischen Macht und Masse ist nie das, was erledigt ist. Es erledigt uns, immer wieder.

Erbe ziert und Erbe klebt. Der Wert einer Demokratie erweist sich in der immer wieder zitternden Erinnerung daran, dass sie sich aus Blutsümpfen ins Freie rettete. Aus Tragödien ins Tragfähige. Aus Gespenstischem ins Geltende. Aus Vernichtung ins Lebendige. Immer wächst zusammen, was nicht zusammengehört. Und marschiert gemeinsam, wie Wolfgang Mattheuers Plastik »Der Jahrhundertschritt« offenbart – der Bronzemensch, eine Hand zum Hitlergruß erhoben, die andere zur Faust geballt. Unerträglich. Unerträglich wahrhaftig. Jener wahre Terror, der unser Bewusstsein sprengt, ist die ewige Gleichzeitigkeit von Schönheit und Schrecken.

Figuren mit anmaßendem Hitlergruß stellte der Maler Anselm Kiefer einst vor europäische Strände und andere Landschaften, Gestalten, wie versunken in ihre ebenso lächerliche wie verhängnisvolle Protz-Geste der Eroberung. Auch damals, als die Bilder in die Öffentlichkeit gingen, schrillten die erbosten Stimmen einer politischen Korrektheit, die nicht begriff, dass hier jemand mit seinem ausgestreckten Arm auf den Irrsinn des Menschenmöglichen gezeigt hatte, nicht auf einen Triumph. Nur Israel, ausgerechnet das wehe Israel, rief anerkennend herüber: Kiefer sei ein Gerechter.

Der Publizist Günter Gaus sprach von der »Gnade der späten Geburt«. Gemeint war die Gnade, 1929 geboren worden zu sein. Vom Krieg berührt, aber nicht mitten in dessen Grausamkeit hineingerissen. Gnade, so Gaus, »weil ich nicht für mich die Hand ins Feuer hätte legen wollen, ob ich – wenn ich an der Rampe in Auschwitz gestanden hätte, beim Selektieren – den Mut gehabt hätte zu sagen: Das tue ich nicht, macht mit mir, was ihr wollt, ich beteilige mich nicht an diesem Verbrechen.« Das ist er, der Aufruf des negativen Möglichkeitssinns. Etwas Vergangenes sehen und sich klar werden: Nichts befreit aus persönlicher Haftung – weniger im Sinne von unmittelbarer Verantwortlichkeit für besagte Vergangenheit, deren Zeuge man nicht war, sondern im Sinne von Zuständigkeit fürs Kommende. Du weißt nicht wirklich, wozu du fähig wärest – änderten sich die Verhältnisse nur um ein entscheidendes Quäntchen Druck und Fanatismus. Auch diesen leidigen Gedanken weckt jene Groteske, die Schall entwirft.

Die Balance einer geschichtlichen Situation erwächst aus der Niederschlagung von Extremen. Und neben der Gnade der späten Geburt gibt es freilich auch das Risiko der späten Geburt, nämlich: als Nachgeborene jene Lehren, die andere aus eigenem Leid gewannen, anzunehmen oder zu vergessen. Es hilft da neben Aufklärung vor allem Herzensbildung. Wenn die zur Erfahrung wird, ist viel gewonnen, wo andere Erfahrung glücklicherweise fehlt. Herzensbildung ist Kunstauftrag, und Herzensbildung hat ein Endprodukt, das Thomas Mann formulierte und das er »die Bereitschaft zur Selbstvereinigung« mit dem scheinbar Hassenswerten bezeichnete. Der Aufsatz, in dem Thomas Mann das schrieb, hieß »Bruder Hitler«. Jahrzehnte später schrieb Heinar Kipphardt sein Stück »Bruder Eichmann«. Worauf verweist solch eine Beschwörung beklemmender verwandtschaftlicher Nähe zum Bösen? Darauf, dass die Sorgfalt in geschichtlicher Betrachtung dort wächst, wo man sich selber in die Variante einschließt, verführbar zu sein fürs Grässlichste. So wie man fürs Gütigste verführbar bleibt. Sei niemand zu gewiss, wenn über Anfechtbarkeit geredet wird. »Ich bin Kain, der den anderen nicht erträgt. Ich bin Absolom, der Vatermörder. Ich bin das blöde Volk. Ich bin Petrus, der Treue schwört und dann als Erster Jesus verleugnet, einen Moment depressiv wird, dann sofort wieder obenauf ist, erneut in der Rechthaberpose. Ich bin froh, dass ich das alles nicht durchleben muss. Und alles durchlebe ich doch – in meiner Seele.« Schrieb der Pfarrer Friedrich Schorlemmer. Selbstanklage und Selbsterhebung untrennbar verbunden. »Die Voraussetzung, andere zu beurteilen, ist die tiefe und vertiefte Erkenntnis seiner selbst, mit allen Abgründen.« Christa Wolf. Wo ein Mensch bei sich selber solche Antennen ausfährt, ist er mitten in der wichtigsten Erfahrung, die darauf aus ist, unerlebte Geschichte nicht wieder zur möglichen Geschichte werden zu lassen. Schalls Botschaft. Im Affront von Bubis gegen den Schauspieler lag unfreiwillig das größte Lob: Kunst, die belastet, hat Gewicht.

Natürlich: Im Mühen unserer Gattung, das idealisierte Menschenbild der Aufklärung durch herzlose Zeiten zu retten, im Mühen, die immer wieder enttäuschten utopischen Erwartungen in eine bessere Welt zu regenerieren, machte sich Erschöpfung breit, und so besteht zum Beispiel Hitlers blödes Vermächtnis vielleicht in dem, was Joachim Fest schrieb: nämlich, »dass der Mensch dabei ist, sich in Hitler eine zeitgerecht umgeformte Gestalt des unbesiegbar Bösen zu erschaffen«. Auch in anderen mörderischen Regenten. Diese Umtopfung aus dem konkreten historischen Feld ins Anthropologische hat ihre Logik, ist jedoch auch ein Akt fortschreitender Abstraktion vom Grauen einer jeweils sehr konkreten, unübertragbaren sozial-politischen Realität. Auch dieses Risiko trägt Kunst mit. Indem sie arbeitend ihrer Freiheit nachkommt wie einer hohen, umfehdeten Aufgabe.

Hitler, der da im Befreiungsfeldzug wider die eigene Verklemmtheit so vehement programmatisch zu werden sucht, ist bei Schall – man sieht bei ihm geradezu das, was man doch lediglich hört – ein verkörpertes Verhängnis; es steckt im Leibgefängnis ein unglücklich hohler Geist; dem verbissen-messianisch sich Reckenden scheinen die Glieder nicht nachzukommen, wenn er aus der Haut fährt. Angst vorm Versagen weckt ihm die Sehnsucht nach Macht. Oft steht der »Gedankengang« kurz davor, sich zu verheddern; zum Glück für diesen Tropf bietet die deutsche Sprache immer wieder zur rechten Zeit ihre Konsonanten an, das P in Politiker etwa oder das B in Bewegung – und schon hat der Kopfhochdruck sein rettendes Ventil, das sich prustend oder fauchend öffnet. Solchermaßen befreit, kann der seinen Kampf Austragende mit berauschtem Ernst und seelisch verkrampft in die nächste Sprechblase hineinfallen.

Das ist die Qualität und das Kreuz einer offenen Gesellschaft: Sie hat Zukunft nur, wenn sie den Rückblick als offene Wunde begreift. »Mein Kampf« ist eine verbrecherische Schrift, aber eben auch ein Teil fataler Mystifizierung des absolut Lächerlichen. In exemplarischer Weise, bis in Buchstaben hinein, offenbarte Schall just diese Lächerlichkeit. Durch den großen, schrecklichen, künstlerischen Ernst eines gnadenlosen Sarkasmus. Schall zeigt mit geradezu provozierendem Mitgefühl, wie mühsam es ist, dumpfen Unsinn zu artikulieren, aber er zeigt es so, dass der Zuhörende ein Empfinden dafür bekommt, wie mühsam es auch unter Umständen (die wir kennen, aber immer unterschätzen) sein kann, sich besagtem Unsinn zu entziehen.

4.
In der Kürze liegt die Würze
die die Fehler schmackhaft macht
in der Schnelle liegt die Hölle
daß der Schmerz gleich wieder lacht.
E. S.

Im Februar 2000 starb Felicitas Ritsch, viele Jahre Schauspielerin am Berliner Ensemble. Ich saß an meinem Schreibtisch in der Redaktion »neues deutschland«, Ekkehard Schall rief an, Atemstöße in der Leitung – in jener dem Journalismus verwandten Gefühlsmischung aus Erregung, die zur Fassungslosigkeit neigt, und zugleich einer Aufgewühltheit, die unbedingt Ausdruck werden will. In dem kurzen Text, den er der Redaktion in spontaner Anteilnahme schickte, lebt die Nähe zu einer geliebten Kollegin ebenso wie diese Schall'sche Kraft, die ohne Reflexion nicht auskommt und die noch in persönlichster Mitteilung Auskunft gibt vom eigenen Lebensberuf, vom eigenen Berufsleben. Trauriger Anlass, ja, aber Bestätigung: Dieser Spielende konnte auch schreiben, und gefügte Worte waren ihm Bewahrensmaterial – hier im letzten Gruß an eine Kollegin abseits der großen Bekanntheitsgrade. Innigkeit agiert nach anderem Gebot.

»Fee, eine verehrte Kollegin, 1926 geboren, die zu früh der Bühne den Rücken kehrte, weil es ihr dort mehr und mehr der Ernsthaftigkeit ermangelte, die ihr persönlich eigen war. Als Kommissarin in Wischnewskis ›Optimistischer Tragödie‹ übertrug sie ihr Eleganzschlendern (ihre Mondänität war, wenn sie denn wollte, bestechend) auf ein Panzerschiff der Baltischen Flotte unter revolutionäre Matrosen und erreichte den Zusammenschluss der zerstrittenen Gruppen durch die Vorgabe einer maßvollen Distanz – die dennoch menschliche Wärme ermöglichte. Wärme auch durch Verfolg einer klaren Zielsetzung ihrer Figur, die wiederum keine menschliche Kälte einbrechen ließ. Mit ihr zu spielen, das hieß: sich geborgen fühlen in Widersprüchen, ohne dabei Schärfe und Härte jener Behauptungen aufzugeben, die sich gegen das ihnen Widersprechende sträuben. Die Schönheit ihrer eher spröden, herben Erscheinung, vor allem ihre wunderbaren langen Beine, machten zum Beispiel ihre Frau Dullfeet in Brechts ›Arturo Ui‹ zu einem Gegenpart für mich, gegen den ich wahrlich schwer anzubellen hatte. Sie konnte Größe darstellen, ohne sich zu verausgaben – dies Vermögen habe ich auch bei anderen großen Schauspielerinnen festgestellt, kaum bei Männern, bei mir schon gar nicht. Und ihre Grusche in Brechts ›Kaukasischem Kreidekreis‹ war wie abgekupfert von Bruegels Toller Grete, die Brecht vorgeschwebt hatte bei der Niederschrift des Stückes – auch wenn er die Rolle später mit einem Gegentyp besetzte, nämlich mit der nun auch gerade verstorbenen Angelika Hurwicz, wunderbar in ihrer störrischen Rundlichkeit, also ganz anders. Dass einige Kritiker der Ritsch damals mit Häme ein so gar nicht mehr frühmütterliches Alter vorwarfen, hat sie tief verletzt, das weiß ich; und natürlich wurde ihre Darstellung der mütterlichen Zuneigung – die langsam entstand zu dem nicht eigenen Sohn, und viele Zuschauer, auch mich, stark berührte – von den Kritikern in Deutschland nicht sonderlich berücksichtigt. Sie war eine Schauspielerin, die das Oberflächliche nicht einmal streifte, wenn sie auf der Bühne stand; keine Heilige fürwahr, schon gar nicht, wie man munkeln hörte, in ihrer vorberliner Zeit. Die Zuverlässigen sind es, die mir im Gedächtnis bleiben, wie Felicitas, ›Göttin des Glücks‹, bemerkenswerte Schauspielerin, der es nicht um Ruhe ging – sie sei nicht vergessen.«

5.
Die Fantasie muss die Wirklichkeit des Jahrhunderts erreichen
und sich in ihr frei bewegen, sie muss sich tummeln
in den Jahrhunderten der Vergangenheit
und den Jahrhunderten der erträumten Zukunft.
F. S.

Ekkehard Schall spielt »Ein Kind unserer Zeit« von Ödön von Horváth, am theater 89 in Berlin. 2001. Ein Mann schaut uns an. Er lächelt. Das ist ja die reine Rosigkeit – und ist doch aber ein Männergesicht. Dieser Mann hat endlich wieder eine Zukunft, hat Aussichten, die ihm die Arbeitslosigkeit genommen hatte. Seine Hände machen eine typische Bewegung: Er muss nicht mehr Suppe löffeln. Er ist jetzt Soldat. Das Marschieren sichert ihm Menschen links und rechts. Kameraden. Er ist nicht mehr allein, hat wieder Ziele, Kleidung, ein Dach. Kleidung und Dach können schon Ziel genug sein. Der Blick ins Gesicht eines Menschen, dem geholfen wurde – das sei der Blick in eine freundliche Gegend. Dieser Gedanke stammt von

Brecht, er ist an eine Wand des Theaters geschrieben. Jetzt, beim Blick in das Gesicht von Ekkehard Schall, darf einem dieser Satz aus gutem Grund einfallen – und er wird einen nicht wieder loslassen.

Schall, der über Siebzigjährige, als junger Soldat, der sein Leben an sich vorüberziehen lässt. Der es uns erzählt. Eine alterslose Tragödie. Ein Roman von Ödön von Horváth aus dem Jahre 1938, nun ein Monolog. »Ein Kind unserer Zeit«. Ein paar Lichtpunkte auf der tiefen Bühne. Erzähl-Orte: Arbeitslosenschlange, Rummelplatz, Lazarett, der Unterschlupf beim Vater, nach dem Krieg. Ein paar Gänge Schalls zwischen Säulen aus Holzstämmen. So wie diese Stämme einst Bäume waren, so ist dieses Soldatenleben einst auf die Welt gekommen, um ein Menschenleben zu werden. Die Wahrheit: um es nicht zu werden.

Nach diesen fast zwei Stunden muss Schall zu den wahrlich ergreifenden Interpreten des so hart richtenden, aber doch menschenliebevollen Horváth gezählt werden. Der seine Gestalten sich so wundleben lässt an der unverrückbaren Frostwelt. Der sie auf Jahrmärkten jener erleuchteten Illusion erliegen lässt, die Welt sei irgendwo vielleicht wirklich schön. Horváths Gestalten greifen mitunter ungelenk, überfordert, verzweifelt, kühn einsichtig zu großen politischen Worten – aber nur, weil es diesen Geschöpfen nicht gelingt, andere Worte auszusprechen, die ihnen eher entsprächen: Glück, Liebe. Es sind Wesen, die sich vor lauter Armut und Angst Gefühle nicht leisten können und die darum ihre anscheinend verkümmerte Liebes- und Lebensfähigkeit erproben müssen an so leblosen Substanzen wie Vaterland, Ehre, Pflicht.

Was Schall in der Regie von Hans-Joachim Frank bewerkstelligt, die ihm genauen Raum und unaufgeregten Rhythmus zuweist – es ist eine radikale Minimalisierung. Um doch alles zu sagen. Dieser Schauspieler hat einen ausgebildeten, untrügerischen, feinst reagierenden Nerv für die verwundbarsten Punkte seiner Figur. Dort nistet sich sein Interesse ein. Dort agiert er mit eiserner Konzentration, und doch sieht manches einfach nur – täuschend – nach berückender Zerstreutheit aus; Freiheit und Disziplin bilden bei diesem Darsteller ein stets auffälliges, sichtbares Widerspruchspaar. Die Figur lebt, und Schall arbeitet – man behält als Zuschauer stets Einsicht in diese Dialektik des Spielens. Das nicht Realität täuschend echt wiedergibt, aber im Erzählen eine Welt behauptet. Eine Welt ganz aus wahrhaftigem Urteil über wechselndes menschliches Verhalten. Im Sinne Horváths gibt Schall so schmerzlich, so menschlich sorgend, so weich, auch so unerbittlich komisch Einsicht – in des Dichters Mahnung, Leben nicht in hochfahrender Selbstüberschätzung für angeblich hehre Ziele wegzuwerfen. Zugleich ist da tiefe Trauer über die Unbarmherzigkeit sozialer Zwänge. Die Kunst Schalls ist wissend, dies gibt den Bewegungen der Worte und des Körpers in jeder Situation die Lakonik eines jeweils schlüssigen Beweises. Der freilich übergangslos oder in hartem Bruch neben eine trotzige, manchmal flehende Aufschäumkraft der Sinne gesetzt ist. Eine Kraft, mit der sich dieser Soldat zugleich jeder Situation des ungerechten, ihn quälenden und immer unglücklicher machenden Lebens widersetzen will.

 Was steht da so nebeneinander, so gegeneinander in Schalls Spiel? Der Mensch als Wunder, das dem Gesetz der natürlichsten Sehnsucht folgen möchte – und der Mensch als Apparat, der bloß kalt funktioniert. Das Empfinden der Welt als Fluch und doch auch als Zuflucht. Ja, dieser arbeitslose Mensch findet in Reih und Glied des Soldatenlebens neuen Mut zum Leben – aber er erfährt in der Süße des kriegerischen, aggressiven Siegerwahns die bittere Wahrheit eines falschen Ehrgeizes nach Ehre. Er wird Invalide, begegnet der Witwe seines Hauptmanns, der in einem Abschiedsbrief seine Verblendung gesteht und freiwillig ins gegnerische Feuer gelaufen war. Er träumt auf dem Rummelplatz noch einmal den versäumten Traum des ganz anderen Lebens mit einem Kassenfräulein. Zieht Bilanz, wird leise, und es ist mehr und mehr, als sei diesem armen Menschen jede Erfahrung nurmehr ein Ermuntern, den tiefen, tiefen Irrtum seines Lebens zu begreifen. Und jenen einen Schritt zu tun, der erneuten Irrtümern den Weg versperrt. Schalls Spiel ist Operieren an der offenen Psyche. Bei vollem Bewusstsein. Geradezu sachlich. Tief erschütternd, wie leicht, gleichsam befreit von sich selbst, der Mann am Schluss in einen Park der Kindheit geht, sich unterm dichter werdenden Schneefall auf eine Bank setzt. Und stirbt. Ein sachtes und leichtes Entschweben in ein freieres Reich, in einen Abgrund scheinbar aus Sternen. Rummelplatz-Sternen vielleicht. Schall spielt das ganz sanft, markant beiläufig. Und das Schreckliche, Barbarische der (ewig akuten) Zeit besteht darin, dass man, beträte man jetzt diesen Park, wohl unentschieden bliebe in der Frage, ob man diesen Menschen ins Leben zurückholen oder ihn seine Ruhe finden lassen soll. Siehe, da hat er sich schon davongemacht; wir aber bleiben im Dasein – das für Heiner Müller, wie es in dessen Stück »Auftrag« heißt, doch nur »die andere Seite des Todes« ist. Und nun schaut der Schlafende wieder aus wie jemand, dem geholfen wurde. Der mit geschlossenen Augen Seher ist.

Ja: Schall ganz sanft. Diese so oft unterdrückte Fähigkeit, den zu spielenden Rollen geschuldet. Volker Braun sah, als 1979 sein »Großer Frieden« am BE inszeniert wurde und Schall die Rolle des Bauern Gau Dsu probte, beim Schauspieler die »gewohnte jähheit« aufbrechen. »die sachten, fragenden töne machen gau dsu wunderbar komisch und holen ihn auf den boden. das ist ein neuer schall, der dem ensemble erlaubt, sich nach vorn zu spielen. Ob er das vor publikum durchhält?« (Werktagebuch, März 1979). Jetzt, auf jeden Fall, hält er es durch. Deutschlands poetischster Kritiker Benjamin Henrichs sprach in der »Süddeutschen Zeitung« von Schalls Horváth-Monolog als dem »Welttheater in einem Hinterhof«.

6.
So schön, die Stille, unentbehrlich
beschreibt sie eine dunkle Welt
der Höhenflug vergeht, und ehrlich
genießt man wieder, was missfällt.
E. S., 20. 5. 1998

»Nun nimm die Höhle an, die Ruhe schenkt.« Ekkehard Schall spricht da mit sich selber, der Mittelpunktspieler also mit dem Ruheständler, er beruhigt sich, er sitzt nämlich in Buckow am See – das Haus des Schwiegervaters Brecht quasi handschlagnah, und er schreibt Gedichte. Hier, wo b. b. die berühmten »Buckower Elegien« schrieb. Hier fand sich wie selbstverständlich der Titel für Schalls ersten eigenen Gedichtband: »Buckower Barometer« (2002).

Der Schauspieler, heimgekehrt aus dem Weltruhm. Fast ein Weiser nun – kindlich erregt rücken die Verse an. Da hat einer, der als Theatermann die Welt durchaus kräftig und veränderungsbeseelt hernahm, alle Verbindlichkeiten gegenüber dem Wüten und Wirbeln des oberflächlichen Geschäfts gekündigt; da weiß ein alt Gewordener, dass selbst den geballten Fäusten irgendwann die Zeit entgleitet; da fühlt einer, dass die Stunde unweigerlich naht, in der Worte und Wörter vielsagender werden – aber freilich: Die Wunden brennen weiter. Was jedoch in den frühen, hellen Stunden eines umjubelten Daseins als kecke Frage von der Bühne hinausgeschickt worden war, das kommt nun, in den Dämmerungen, als abgewogenes Antwortschweigen zurück. So findet Leben zur Wahrheit: Was tut man noch, wenn die Dinge so stehen, wie man ihnen ausgeliefert ist? »Hallo Töchter, hallo Frau. / Manchmal tret ich vor die Tür / atme durch, doch dann, sehr schlau / sitz ich drinnen für und für.«

Buckow und Brecht. Auf den schnellen Blick mag hybrid erscheinen, in welches Assoziationsfeld sich der dichtende Schauspieler begibt – aber das lyrische Vermögen des Theaterkünstlers ist ein autonomes. Und stets war Schall ja ein Schreibender, hat seine Rollenarbeit begleitet mit Gedichten, Notaten, Maximen und Reflexionen. Hat seminaristisch weltweit über seine Berufsauffassung gesprochen. In Norwegen, in den USA, in Kanada, Italien, Israel, Indien und Griechenland. Keiner, der sich aufdrängte, aber einer, den es unablässig drängte. Am Rande von anstrengenden Gastspielen Vorträge, Gesprächsrunden, vor allem mit Studenten. Einmal, in London 1981, beendet Barbara Brecht-Schall eine solche Veranstaltung mit den Worten: »Jetzt möchte ich Sie aber doch bitten, keine Fragen mehr zu stellen. Er würde weitermachen, er spricht gern über solche Dinge, aber er muss nachher auftreten. Und ich verlasse mich auf Sie, dass Sie, falls jemand sagen sollte, dass er heute Abend keine Stimme hätte, erklären, wie es dazu gekommen ist.«

Der Lyrikband »Buckower Barometer« verweist mit keiner biografischen Silbe auf des Künstlers Doppelleben – als verwahre sich der Poet Schall gegen die Aufhilfe durch die Prominenz des Mimen Schall. Er hat recht: Denn wie eine Inszenierung, so trägt auch jede poetische Sammlung ihre Begründungen und Wahrheiten einzig in sich selbst und aus sich selbst heraus. Und doch leben die Gedichte naturgemäß von dem, was die gestalterische Existenz Schalls ein Leben lang geformt und geprägt, geweitet und gebunden, geadelt und gegerbt hat. »Der Sommer war sehr groß.« Glückssatz, Trauersatz. »Vergangenheit, Kraft, die mich nicht braucht.« Poesie des Alters – so pflichtlos hell wie ahnungsvoll schattennah, so erfahrungstief wie unbekümmert. In allem Betrüben über Grenzen des Lebens und Grenzen der Aufklärungskräfte kichern doch Weisheit und Witz – darin die Hoffnung auf Vernunft listig lächelnd weiterwebt. Hoffnung, »daß nicht Erinnerung nur bleibt. Auch Feuer«.

Schalls Schreiben (jedes Gedicht genau datiert) entzündet sich an Jahreszeiten, am Tageslauf, an den metaphorischen Einladungen der Pflanzen- und Tierwelt. Er bedichtet »Blätter, die nicht fallen wollen«, beobachtet Nachtigall, Krötenmutter und Ratte, er gedenkt Goethes und preist warme Erde, warmes Wasser. Draußen der Garten, drinnen im Menschen: der ewige

Irrgarten. Der forschende Blick ins Geäst, der Spaziergang ins Blühen, das Sinnieren hinein ins »schlohe Grün« – all das konfrontiert den Dichtenden mit jener selbstverständlichen Überlegenheit, die aus dem fragenfreien Werden und Vergehen des Natürlichen wächst, »vergessen die Kraft, die's schuf: Die Erde stimmt.« Wohingegen der Mensch ins Qualreich eines permanent arbeitenden Hirns gesperrt ist, das nach Sinn schmachtet. Sinn, der das Werden euphorisch herbeiruft, aber das Vergehen beflissentlich verdrängt. So sind wir auf Wunder aus, die Sozialismus und anderes Glücklichsein heißen können – und das Leben sagt leise: Ihr werdet euch noch wundern. So legen wir den Garten unserer Sehnsüchte an – und ahnen nicht, was uns blüht.

In weit größerem Maße als früher steht dieser Autor nun im Staunen – im Staunen eines Menschen, der sich auf der Strecke stehen sieht zwischen fernem Herkunftsdunkel und dem Nichts, das uns aufnehmen wird. Es ist nicht verwunderlich, dass unter den Gedichten zahlreiche Nacht-Verse sind. Das Hinausschauen oder Hinaustreten in die Finsternis, der wache Moment zwischen den guten wie bösen Träumen, die unwirkliche Stille der Welt. Der Traum als Nachtwache. Genuss von Zwischenzeit – in der die Sterne hell sein können, weil Finsternis ist. »Diese Einsamkeit der Sterne / ist ein frohes Abendlied. / Morgen wieder, daß ichs lerne / Raub und Mord und Genozid.« Schall leidet am Zustand der Welt. »Die Wunde Haßkultur wuchs in den Frieden.« Er leidet daran, dass Welt im gängigen Sprachgebrauch nur Umwelt ist (ein Wort aus herrschaftlich angemaßter Mitte), und ihn bedrückt die Unorganisiertheit der heutigen sozialen wie intellektuellen Oppositionen. »Es hilft Gewalt der Schwachen, die's nicht gibt / es hilft Vernunft, die keine Gründe sucht.« Der Künstler, der sich stets und treu im Dienst einer Weltveränderungsidee sah und Erinnerung wie einen verlässlich wiederkehrenden Traum aufruft (»man schläft sich in die ehemaligen Stätten / wo Phantasie nur herrscht und gar kein Geld«) – er schwört utopischem Denken auch in den nun erzwungenen und zugleich gut erträglichen Abgeschiedenheiten nicht ab; er sieht sich umzingelt von kalter Rationalität, aber zugleich gibt er den Glauben an die Poesie der einfachen Dinge des Lebens nicht auf: »Vorhanden sind die großen Werte / vorhanden allerdings im Raum / umstellt von der Behauptung: Härte / ist mehr wert als das Blatt am Baum.« Mancher Vers will direkt hinein ins Aktuelle, etwa der deutschen und europäischen Einheitsprozesse: »Die Einigkeit ist Zeit für neuen Ansturm / für Umsturz, Umbruch, Frühling und Beginn.«

Schall lobt dichtend das Leben, seine Frau Barbara (»Flaggschiff der Brecht-Connection«), er setzt auf die künstlerischen Siege seiner Tochter Johanna, der Regisseurin (mit der er einen wunderbaren Clowns-Abend gestaltete) – aber er beschreibt das eigene Dasein doch zunehmend auch als Geschichte der Verringerungen, er ist »aufgeriebenes Fleisch«, dem »der Höhenflug vergeht«. Die Botschaften des Schauspielers von gestern treffen auf die Bereitschaften des Träumers von heute. Er erinnert an Brechts Radwechsel und entwickelt eine Überlegenheit, die der Realität angemessen ist: »Ich will nicht hin, nicht weg, wie hieß es: / Für mich ist hier die Ewigkeit.« Und so findet der Band zur größten Schönheit, wo der Dialektiker, im »endlichen Daseinsstolz«, todesnah denkt. Er will »sterben nicht nur mit dem Herzen / sterben so, als sei es gut«. Auf Seite 59 dann die blutend wahre Erkenntnis: »Die Schönheit ist nicht in das kurze Leben / der Schnee nicht in die Wärme übertragbar.«

2005: »auf mir ein Makel nun, wie sichs gehört«. Wieder Gedichte. Ein schöner Titel, weil er in den Abendstunden einer Existenz doch wieder mitten hinein führt ins Leben. Das ja nie Reinwaschung ist. Und nie gelingt Erhöhung. Leben, so sehr man auch gegensteuert, wird Beschmutzung, bleibt Kenntlichmachung durch die Spuren von Vergänglichkeit – deren höchster Ausweis der leidenschaftlich gelebte Irrtum ist.

Diese Verse, meist lange Reim- oder Prosagedichte – Schall nennt sie im Untertitel »Auftauchende Bilder« –, kehren in die Magdeburger Kindheit zurück; immer wird dem profanen Anlass, sich poetisch zu äußern, eine mögliche, vorsichtige Verhaltensregel entlehnt. Blick in eine Zeit, in der schon die Jüngsten an den Litfass-Säulen die nazistischen Anschläge lasen, wer gerade wegen Hochverrats zum Tode verurteilt worden war. Die Makel eines nationalen Daseins beginnen früh: vieles gesehen, vieles erfahren – nichts gewusst. Wo endet Unschuld, wo beginnt Mitschuld?

Ein 1930 Geborener: Sandkastenspiele nah am deutschen Blutstrom. Schall fragt nach dem, was eine Biografie antreibt, er ahnt, dass die Willensanstrengungen, das Leben zu gestalten, in kompliziertem Verhältnis zum Geworfensein stehen. Er spricht von den »Druckbehältern der Angst«, in denen Menschen immer wieder Entscheidungen treffen müssen. Setzt seinen Eltern ein Denkmal und sinnt über das fragwürdige Recht, die Alten für das zu verklagen, was einst aus Deutschland wurde. Eine tief gefühlte, von aller Forschheit freie lyrische Rechenschaftslegung, ein Magdeburg-Porträt, ein Nachkriegspanorama in weiten erzählerischen Bögen.

Der Ton dieser Gedichte ist unbekümmert pathetisch, der Versfluss geht über Klippen, Rhythmus ist dem Autor so wesentlich wie Rhythmusstörung; bei den Prosagedichten spürt man beim Lesen plötzlich, dass auch sie Strophen bergen – der Leser ist gefordert, sich selber die Reime zu suchen. Lesen als Widerstandsübung gegen die Schule der Geläufigkeit. Am Ende der Kindheit – Aufbruch: »Ich las Villon, den frühen Marx und Brecht und überlegte mir: Dem größten Spaße die Straße frei, er sei das Menschenrecht.« Der Weg eines Spielers in den Sinn. Vernunft als Maximum möglicher Sinnlichkeit. Schall im Banne. Von Brecht und dem Berliner Ensemble – diesem Staat im Staate. Der bessere Staat im besserwisserischen Staat. Der Schauspieler schreibt über Ernst Busch und Raimund Schelcher, er bedichtet den Alkohol, und wo es um Mengen an Leben geht, ist der Tod nicht weit. Natürlich ist in diesen Gedichten auch Trauer, Vorahnung, Demut. Aber Schall vergisst nicht, wo er herkommt und wo er hingehört. »Sich offen zu entscheiden ist Vergnügen.« Er weiß seine Vergangenheiten, die er als Leben in sich trägt. Dass nach dem Ende der DDR überm BE noch BE steht? »Den Namen wollten sie/behalten, unbedingt, Betrüger morden/daß man kein Blut sieht.« Die Buckower Idylle täuscht also: Es ist noch Kraft im sanften Abgesang auf das Dickicht der Städte. Durch die jetzt hindurchgehen, die nur noch Wind machen. »Blinde Augen sehn nach innen/doch die Seele stürmt wie wild/heute noch die Welt gewinnen/kann ich nicht, jedoch ihr Bild.« Lob der Kunst, der Fantasie.

Ein Jahr nach seinem Tod, 2006, erschienen Schalls »Tiergeschichten«, in Versen. Ein weiteres Mal Wehr gegen das Schicksal des Schauspielers: kein Werk hinterlassen zu können. Denn auf der Bühne verfällt alle Energie, alle Besessenheit, alle Kunst der Flüchtigkeit. Des Schauspielers letzte Überlebenschance ist das Gedächtnis der anderen. Zuletzt, zu Buckow am See, offenbarte sich in Schall eine freie philosophische Existenz, in kühler Trauer und heiterer Gelassenheit zugetan den unausweichlichen Dingen des rinnenden Daseins. Seine Enttäuschungen trug er mit Würde, weil er wusste, was er sich wert war; und viel zu souverän war er im Geist, als dass er noch wie ein hechelnder Kommenta-Tor über jedes Stöckchen gesprungen wäre, das ihm die Blödigkeit der Zeit hinhielt. Die Bücher, die einer schreibt, erzählen immer auch davon, wovon er zu schweigen vermag. Wie einer nach vorn jagt, bildet den Charakter. Erst in der Art des Rückzugs zeigt der sich.

Diese »Tiergeschichten«: Gedichte für Kinder. Schall erzählt am Beispiel von Hase und Jagdhund, dass es eine schöne Treue der Feindschaft gibt. Begibt sich auf die Spuren des seltsamen Tieres Willi Mensch, der die Erde und sich zerstört – bis am Ende eine kleine Blattlaus einen planetaren Neubeginn startet. Rabe Franz sitzt schon seit Jahrhunderten auf einem Galgen, wartet auf einen Totenschmaus, und die Welt sieht ganz so aus, als müsse er die Hoffnung nie aufgeben. Auch vom Wolf Isegrim geht die Rede, der mit den Gebrüdern Grimm abrechnet, welche den Leumund der Wölfe so sehr beschädigten. Wo die doch so zahm sind und alten Damen über den Zebrastreifen helfen – nur manchmal träumen sie noch davon, wie schön es war, als sie im Rudel in der Tundra Schlittenfahrer rissen ... Es sind lustige Texte, oft Dialoge zwischen Tieren, die Sprache hüpft oder holpert zwischen erhabenem Vers und schnoddrigem Alltagston; Schall widmete sie seiner Enkelin Nelly, und wahrscheinlich erblüht ihre Farbigkeit, ihre sehr gegenwärtige Hinterlist am besten, wenn man sie vorliest, und es ist nicht weit bis zur Vorstellung, wie der alte graue Wolf Schall die eigene Lyrik genüsslich durch den Graubart grummelt.

Auch in diesen Kindergedichten – illustriert mit witzigstimmigen Tierporträts von Maler und Bühnenbildner Volker Pfüller – nimmt Schall nicht am kollektiven oder individuellen Rechthaben teil, er stellt sich dagegen, mit einer ihm eigenen, konkreten, ganz gegenwärtigen Fantasie. Es versteckt sich in dieser Sprache kein Bemühen, Erkenntnis um jeden Preis zu erleichtern. Es ist, als verwende einer alle Offenheit und Vitalität, um sich noch einmal mit der Kraft von Gleichnissen ganz unaufwändig in die Epoche einzublenden – mit ruhig atmenden Antworten auf so vieles, was falsch, fatal und halbwertig ist: ideologische Begradigung, Erstarrung des Denkens, Zerstörung von Lebensgefühl, Verflachung, Mode und Macht in jeder Form, Larmoyanz und stubenhockende Defensive. Und das immer mit der fürwitzigen, unbedenklich-heiteren »Brachial«gewalt eines Schreibenden, der sich seine Verse, seinen Rhythmus, sein Klangmaß auch mal kräftig hinbiegt – Hauptsache: Nichts gerät zu glatt und konsumierbar.

7.
Ich liebe die Welt, wie sie ist,
ich hasse, wie ich sie erlebe.
Als unbändiger Optimist:
s' ist Hoffnung in dauernder Schwebe.
E. S.

Wer Schauspiel betreibt, übertritt ein religiöses Urgebot: Du sollst dir kein Bildnis machen! Theater lebt vom Bildnis! Und just der Narr ist Gott. Die Schöpfung als Stunde der Gaukler.

Das beinah Mörderische am luftigen Beruf der lustigen Person: Theater, obwohl ein Ort begehrten Rollenwechsels, stellt in Wirklichkeit bloß. Draußen ist es leicht, sich zu verstellen, auf der Bühne schwer. Im Leben wurde es längst zur Hauptaufgabe, nur ja nicht erkennbar zu sein – auf den mythisch umraunten Brettern aber wird des Menschen Wesen manifest, ob er will oder nicht. Schauspielerei, so Max Reinhardt, bedeutet Enthüllung des uns Eingeborenen. Wenn er wirklich gut ist, kommt der Schauspieler nie in einer anderen Haut an. Er steigt in ein Kostüm und ist nackt. Er schlüpft in eine Maske und wird sichtbar. Schauspieler sind die verwundbarsten Kinder der Kunst: Sie sind Ausgesetzte, sie wissen nicht, was ihre Wirkung ausmacht, sie sehen nicht, was sie schaffen, sie sind Musiker und Instrument zugleich, im heißen Scheinwerferlicht platzt ihre Seele auf, diese Wunden sind ihr Glück. Denn es ist unser Glück: Die Wunden erscheinen uns Zuschauenden als Wunder. Dann, wenn uns die Ahnung streift, etwas wirklich Einmaliges erschaut zu haben.

Zum Beispiel Ekkehard Schall. Der außerhalb der Bühne scheu wirkte, mit starkem Willen zur Unscheinbarkeit, ein Wille freilich, den sich eine sehr kräftige Präsenz leistete. Denn die hatte noch im Selbstnebel Durchdringungskraft. Ein Buch über seine Schauspielmethodik, vier Jahre vor seinem Tod, begründete Schall mit den Worten: »Ein Gruß an die Vergangenheit, die eine Novität sein wird in einem fruchtbaren Abschnitt der Zukunft«.

ERSTES GESPRÄCH

*Du gehst mit einer Rolle
auf Wanderung.
Sie ist die Felswand.
Plötzlich hängst du im Eis*

HANS-DIETER SCHÜTT: Ekkehard Schall, was ist der Mensch?

EKKEHARD SCHALL: Ich merke schon, Sie lieben die kleinen, einfachen Fragen.

Wie Sie – wenn ich gleich zu Beginn, und ausnahmsweise, ironisch werden darf.

Ja, wenn Theater nicht irgendeinen Anlass zum Denken bietet, dann interessiert es mich nicht. Es ist mir ein Transportmittel für Philosophie. Punkt.

Ich wiederhole meine Frage: Was ist der Mensch?

Wir wollen irgendwer sein, wir erträumen uns irgendwas, und bald nachdem die frühe Kindheit der Sandkästen vorbei ist, werden wir von der Wirklichkeit zur Bilanz gebeten: Na, wie viel Falsches war in deinen Träumen? Der Mensch besteht aus den Anteilen Macht, Ohnmacht und Utopie.

Worin besteht die Funktion der Utopie?

Sie ist der Kampf darum, die beiden Anteile Macht und Ohnmacht anders zu gewichten, als es die Realität gern beschließt.

Sisyphos!

Brecht! »Ändere die Welt, sie braucht es!«

Haben Sie die Welt verändert?

Natürlich. Ich bin in ihr.

Das reicht?

Von jedem Menschen gehen Schwingungen aus. Das ist doch toll – idiotisch wäre nur, von der Existenz solcher Schwingungen zu erwarten, Busse und Bahnen änderten von nun an ihre Fahrpläne. Ich weiß, das ist eine sehr einfältige Antwort auf die Frage, was der einzelne Mensch bewegen und bewirken kann.

Ja.

Wir alle werfen Schatten, spenden Licht. Wie du früh aus dem Haus gehst, hat Folgen. Ob heiter oder mufflig, das ist nicht egal. Ich sage Schwingungen und denke an Flussversickerungen. Das Wasser bleibt zwar plötzlich weg – aber es tritt an anderer Stelle wieder hervor.

Schon Ihre erste Rolle 1952 am Berliner Ensemble, der Eilif, Sohn der Mutter Courage, verwies auf eine große Lust an geradezu turnerischen Extravaganzen. Ihr berühmt gewordener Tanz mit dem Schwert – Eilif hatte diesen Tanz irgendwo gesehen und deutet ihn bei der Soldatenwerbung, aus seiner Erinnerung heraus, nur an. Er will Eindruck schinden.

Ja, Brecht wollte bei dieser Szene die Andeutung, das Ungelenke – ich aber wollte den perfekten Tanz! Ich hatte den unbezwingbaren Ehrgeiz, dem tanzenden Eilif eine Kunstfigur aufzuschustern. Das von Brecht gewünschte Saloppe stand gegen meinen Willen, mich auffälligst zu produzieren. Brecht missfiel das, aber andererseits akzeptierte er, wie ich mich hineinkniete in alles, was mir eine Herausforderung bot. Und als ich dann noch von den Kritikern hoch gelobt wurde, 1954 beim Gastspiel in Paris, da war er endgültig besänftigt – nicht ohne mich kühl zu ermahnen, das erreichte Niveau doch bitteschön zu halten. Wobei er nicht die Gefahr meinte, ich könne tanzend ermüden, sondern weit eher das Unglück, ich könne mich angestachelt fühlen und alles noch weiter übertreiben.

Das entscheidende Wort, das eben fiel: Ehrgeiz. Und Form ist eines Ihrer wichtigen Kunst-Kriterien.

Was heißt Ehrgeiz ... Ohne Intensität fühle ich mich nicht. Ich konnte mich nie damit abfinden, alles irgendwie in Häuslichkeit zu vergraben.

Bergwanderer sagen: Spring ins Geröll – oder meide es!

Ja. Werd ich zum Beispiel für eine Lesung engagiert, ist die Zusage für mich meist kein Problem – aber dann grab ich mich rein wie irre. Da gab es mal eine Lesung für den mutigen kommunistischen Schauspieler Hans Otto, dem die antifaschistische Zivilcourage mehr wert war als die Karriere und den die Gestapo ermordete oder dazu trieb, sich beim Verhör selber aus dem Fenster zu stürzen: Ich sollte jenen Brief vorlesen, den Brecht an Heinrich George geschrieben und in dem er dem Schauspieler unbequeme, bitter vorwurfsvolle Fragen zu Solidarität und Moral gestellt hatte. Ein Auftrag, den ich gern übernahm. Aber was mach ich?! Ich lerne natürlich die sechzehn Briefseiten auswendig. Und natürlich lege ich diese sechzehn Seiten beim Auftritt sichtbar sehr weit neben mich, in masochistischer Anwandlung – um entsprechend hilflos auszusehen, als ich ein einziges Mal ins Stocken kam. Bei anderer Gelegenheit, in München, lernte ich Brechts Erzählung »Die unwürdige Greisin« auswendig – wo ich sie doch auch einfach nur hätte lesen müssen. Verse, die sich seitenlang ausbreiten – ich lese sie nicht, ich gebe sie als Monolog eines Schauspielers. Bei einem solchen Marathon stolperte ich mal, nach drei oder vier Vorstellungen, in ein paar Unsauberkeiten hinein – prompt ist es jene Vorstellung, in der ein »Zeit«-Rezensent im Theater sitzt, er stürzt sich ungebührlich intensiv auf diesen Hänger. Na ja, ich erzähl's nur, weil ich selber schuld bin. Mitunter habe ich sie wie einen inneren Klageruf empfunden, diese Frage: Warum wird mir alles, was ich anfasse, zur geradezu körperlich fordernden Arbeit? Alles! Ein Fluch. Brecht und die Weigel übrigens verfochten eine andere Auffassung, wie man Gedichte zu sprechen habe – mit der konnte ich mich aber nie einverstanden erklären. Brecht wollte den Rezitierenden seiner Texte als einen bloßen, ich würde überspitzen, charakterlosen Herold. Der Schauspieler als Dienstbote. Wenn er das so wollte, dann sollte er doch selber lesen!

Mir fällt Heiner Müller ein. An dessen Texten scheiterten die meisten Schauspieler, weil sie in ihren Interpretationen unbedingt unterbringen wollten, dass sie den Dichter verstanden hätten. Völlig falsch! Wir sind ja auch nicht da, um zu beweisen, dass wir die Welt verstehen. Einem einzigen Schauspieler gelang die andere, die scharfe, sezierende heißkalte Dimension: Ulrich Mühe. Er wollte nicht Erkenntnis transportieren, sondern

Erfahrung. Am überzeugendsten aber war Müller selbst! Der las seine Gedichte mit tonlosem Desinteresse, wie völlig fremdes Zeug, als seien sie soeben vom Mond gefallen – und schon wurde es aufregend!

Lesend gab ich nicht wieder, ich spielte. Ich wurde Gestalt, ich identifizierte mich. Deshalb wurde ich auch mal sauer, als ich das Gefühl hatte, Brecht habe mich reingelegt. Er hat eine Ballade über Mazeppa geschrieben, einen Mann, der für die Freiheit kämpft, der zu Tode geschleift wird von den Peinigern der reaktionären Macht. Im Rahmen eines Brecht-Programms nahm ich wärmsten Anteil an diesem Helden, ich wühlte mich in Mazeppa hinein. Nahm ihn als Gleichnis für alle Freiheitskämpfer. Dann aber las ich, er sei ein übler Bursche gewesen, er taktierte zwischen allen Fronten. Nachdem er die Frau eines Generals vergewaltigt hatte, ließ ihn der Gefoppte mit Pferden über die Landesgrenze schleifen. Als ich das erfahren hatte, schwand sämtliche Motivation für diesen Kerl. Ich bat darum, dieses Gedicht herauszunehmen. Ungeheuerlich, dachte ich, wie mich dieser Brecht betrogen hatte.

Der Fluch der Akribie. Die bei Ihnen ein ganzkörperliches Thema ist. In einem Interview sprachen Sie zum Beispiel über Charlie Chaplin, über dessen Slapstick-Genie.

An den großen Komikern der Stummfilmzeit fasziniert mich nach wie vor die Art, wie sie komische Effekte erzielen: durch Timing und eine schier unglaubliche Körperbeherrschung. Das Bewusstsein für Timing macht aus Komikern unerbittlich strenge Leute. Denn sie dürfen um ihrer selbst, um ihres Spieles willen nicht die kleinste Nachlässigkeit zulassen. Bei einem großen Tragöden, will der zur Wirkung kommen, kommt es meist nie auf die Sekunde an, Tränen des Leidens dürfen langsam fließen. Tränen der Komik aber müssen schießen – beim Komiker geht es also einzig und allein um die Sekunde. Wird sie verpasst oder wird die Situation verwischt und verwackelt, ist alles aus. Das kennt jeder, der einen Witz zum Besten gibt: Alles vorbereitende Erzählen ist sinnlos, wenn die Pointe vergeigt wird. Daher muss der Komiker auf alles achten, was um ihn herum geschieht und ihm in die Situation pfuschen könnte. Komiker sind Wächternaturen. Slapstick ist ihr großer Schatz.

Slapstick ist die Methode. Aber da ist doch vor allem die Philosophie – etwa in Chaplins Filmen.

Ja, der kleine schmächtige Mann. In diesen zu weiten Hosen, in deren Taschen so viele Unglücke Platz haben. In diesen zu großen Schuhen, in denen er gut über sich selbst stolpern kann. In dieser zu großen Welt, in welcher er die Verlassenheit des Einsamen atmen muss, aber auch den Stolz des Außenseiters hervorkehren kann.

Angetan ist er mit einem Veston, der eng ansitzt, darunter eine Weste; die Krawatte hochgeknöpft, ihr Knoten großgeschlungen; auf dem Kopf eine Melone, zu klein auch sie, und in der rechten Hand ein Bambusstöckchen. Das Haar ist lang und kraus.

Chaplin ist vielerlei. Er ist der Dandy als Vagabund, der Vagabund als Dandy, und von beidem auch gleich noch die Parodie. Ist aber auch die Inkarnation des beliebigen Mannes von der Straße: Die Melone soll ihm Würde verschaffen, der Schnauzbart demonstriert seine Eitelkeit; der Veston, das Stöckchen und seine Manieren wollen auf einer Wolke von Illusion den Eindruck von Galanterie begründen.

Auch den Eindruck von Draufgängertum.

Ja, denn mit seinem kecken, koketten Wiegegang möchte er vor der Welt bestehen, er will sie düpieren und sich zugleich selbst bemitleiden. Das Selbstmitleid macht ihn schöpferisch: Damit hat er Millionen Menschen zum Lachen gebracht.

Nach dem Gesetz seines Bruders Beckett: bis um Äußersten gehen, dann wird Lachen entstehen.

Er liebt seine Katastrophen, auch wenn er dabei unglücklich ist. Es steckt die Bösartigkeit der Schwachen in ihm. Denn die sind oft am wenigsten gut, sie können es sich nicht leisten.

Wen mögen Sie außer Chaplin?

Wenn wir beim Stummfilm bleiben: Buster Keaton, Harry Langdon, Ben Turpin. Harald Lloyd.

Ich muss an Ihren Arturo Ui denken – Chaplin hat ja mit seinem Bürstenschnauz gleichsam den Hitlerbart voraus»gesagt«.

Ja, dies mickrige Ausrufezeichens auf der Lippe. Der Essayist Rudolf Arnheim hat schon 1932 darauf aufmerksam gemacht, der wilhelminische Bart sei eine weitschweifende Girlande gewesen, angepasst dem Redestil des Monarchen. »Der Hitlerbart ist ein Produkt der Abrüstung, knapp und zackig wie die Tagesbefehle der SA. Aber das ist nicht neusachliche Kargheit. Es ist das unsachliche Missverhältnis zwischen kleinem Fonds und großer Lippe.«

Was Sie als Schauspieler schon früh reizte, war die Erzeugung von Illusionen durch körperlichen Einsatz.

Der weltberühmte Tänzer Nurejew soll einen Trick beherrscht haben. Bei einem Auftrittssprung, aus der Seitenbühne kommend, läuft der Tänzer gewöhnlich an und springt dann in der Mitte der Bühne ab, erreicht also dort seine maximale Sprunghöhe. Nurejew sprang aber schon in der Bühnengasse, die Höhe des Sprungs wurde nicht sichtbar, und wenn er auf die Bühne kam, befand er sich schon in der Abwärtsbewegung – es entstand dadurch der Eindruck, er komme aus einer enormen Sprunghöhe. Nurejew arbeitete suggestiv mit optischer Täuschung und der Fantasie des Zuschauers. Solche Dinge beeindruckten mich. Mein Kollege Stefan Lisewski meinte, Brecht habe nur das epische Theater erfunden, ich dagegen das epileptische Theater. Und Erich Engel hat mal während der »Galilei«-Proben, nach Brechts Tod, zu mir gesagt: »Ihren Expressionismus habe ich schon 1920 hinter mich gebracht.« Ein Satz, der für mich das Ende einer Zusammenarbeit bedeutete.

Sie spielten den Schüler Andrea Sarti bei Engel, als der nach Brechts Tod 1956 den »Galilei« allein weiterinszenierte.

Bei der Premiere war ich nicht mehr dabei. Engel verlangte immer, ich solle vorgegebene Töne übernehmen. Dagegen sträubte ich mich.

Auch Benno Besson war nicht unbedingt ein Regisseur, mit dem Sie gern arbeiteten.

Besson konnte sich unter den Brecht-Schülern, also unter den Regisseuren seiner Generation nicht als Primus durchsetzen, er war zu unorganisiert, er war ausgesprochen spielerisch. Wir beide einigten uns früh, nicht miteinander zu arbeiten. Er war sehr einfallsreich – ich aber auch, und ich liebte bei der Arbeit eine gewisse Strenge des Vorgehens. Besson nicht. Er kam irgendwie nie dazu, seine Inszenierungen zu Ende zu bringen – ordentlich zu Ende zu bringen, hätte ich beinahe gesagt. Er war das Gegenteil von Ordnung. Er wirkte auf mich gegen Ende der Probenarbeit immer ganz authentisch: nämlich ehrlich chaotisch. 1957 war ich als Flieger Sun im »Sezuan« besetzt. Gegen Ende der Proben kam Benno auf die Idee, Vollmasken einzuführen. Ich empfand das nach aller bisherigen, wohlüberlegten Arbeit als willkürliche ästhetische Entscheidung. Ich kam mir in meiner Rolle entpersönlicht vor. Ich schrieb ihm einen Brief und bat um Umbesetzung meiner Rolle.

Und?

Ich wurde nicht umbesetzt, er verzichtete auf die Masken. Aber er ließ mich spüren, dass ich ihn um eine großartige Idee gebracht hatte. Später inszenierte er den »Sezuan« noch einmal, an der Volksbühne, da trugen die Schauspieler Strumpfmasken.

(Barbara Brecht-Schall ruft herein: »Er wollte unbedingt künstlerischer Leiter werden nach Brechts Tod, und er stellte Bedingungen, wer das Haus verlassen müsse. Helli weigerte sich.«)

Manfred Wekwerth schrieb vom »selbstquälerischen Extrem« Ihrer Rollenerarbeitungen, das bestimmte Regisseure verunsicherte.

Ach, selbstquälerisches Extrem ... ich zielte auf Wirkung! Mein Beruf! Beim Ui zum Beispiel: In einer der Szenen hat der sich furchtbar gehen lassen vor seinen Leuten, er biss vor Wut in den Hut und schmiss ihn hysterisch auf die Erde. Ui muss sich aber schleunigst zurückholen in die Beherrschtheit, denn er will wieder der unangefochtene Chef sein. Dazu braucht er den Hut. Er kann sich nicht tapsig und langsam bücken nach dem Ding, nein, es muss aussehen, als habe er die Selbstkontrolle nie verloren, als stehe er gestrafft da und habe also diesen vermaledeiten Hut niemals weggeworfen. Ui steht ohne Hut, steht da wie nackt – dann plötzlich zwei Sekunden, und er hat ihn wieder in der Hand. Mein Ziel war: Was in diesen zwei Sekunden geschieht, darf der Zuschauer gar nicht richtig mitbekommen. Uis Meute schon gar nicht. Das war mein Ehrgeiz. Stehen, runter, zack und wieder stehen.

Sozusagen Schall-Geschwindigkeit.

Ein anderes Beispiel: »Der Held der westlichen Welt« von John Millington Synge, 1956 am Berliner Ensemble. Ich spielte den Shawn Keogh, einen liebenswürdigen Feigling, er steht in einer Szene bei seiner vergeblich Angebeteten Peggen Mike, die wurde von meiner Frau Barbara gespielt – da kommt der Held des Stückes herein, ihn gab Heinz Schubert. Ich stand neben einem Schrank, aber im nächsten Moment wollte ich oben auf dem Schrank stehen. Luftsprung! Feiglings Exil: der Luftsprung! Aber das war die Art, in der dieser sympathische Jammerlappen über sich hinauswuchs: Er ließ die Welt einfach unter sich, er entzog sich ihr. Das musste freilich so unerhört schnell gehen, als sei dazwischen keine einzige Sekunde Bewegung. Diese optische Täuschung war es, die Lachen auslöste. Eine rein artistische Überlegung also. Ich tüftelte und tüftelte und ließ verschiedenste Tritte hinten an den Schrank montieren – bis ich endlich nach oben »fliegen« konnte. Komische Wirkungen sind Sache einer Körperbeherrschung, die nur wenigen gegeben ist.

Wem war sie denn gegeben?

Na zum Beispiel Curt Bois. Ich war im »Puntila« der rothaarige Arbeiter auf dem Arbeitsmarkt und beobachtete mit Inbrunst diesen großartigen Schauspieler. Als betrunkener Puntila torkelte er durch eine Pendeltür, stieß mit dem Kopf dagegen, kam rückwärts wieder raus und stolperte erneut hinein, und das sechs bis acht Mal – ohne die schwingende Tür je wieder zu berühren. So etwas nenne ich große Kunst. Ein wunderbares Prinzip finde ich das sogenannte Double Take, die doppelte, verzögerte Wahrnehmung von Realität. Wieder Curt Bois. im Film: Der betrat eine Apotheke, grüßte mit Handschlag ein Skelett neben der Tür – und erschrak erst Sekunden später über das, was ihm eben passiert war. Beim »Held der westlichen Welt« gab es übrigens noch eine andere Szene, in der es für mich auf Schnelligkeit, auf eine besondere Form des Komischen ankam. Vorn, nahe der Rampe, war eine Bodenklappe – öffnete man die, führte eine Treppe in den Keller. »Mein« Shawn Keogh wird verfolgt, er rennt heran, und bei diesem Sprint über die Bühne prahlt er, gegen alle Wahrheit, mit seiner nicht vorhandenen Angstlosigkeit – aber alles endet doch mit seinem feigen Sprung in den besagten Keller. Helene Weigel meinte, ich dürfe auf keinen Fall mehr Text haben, als auf dem Weg von hinten nach vorn zur Klappe möglich ist. Wieso das denn?! Ich wehrte mich. Ich hatte doch weit mehr Text. Und ich hatte den wunderbar nuanciert gelernt. Ich wollte ihn sprechen dürfen. Ja ja, war die sture Antwort der Weigel, fang an mit deinem Text, renne dabei los, renne ganz schnell, öffne vorn die Klappe, knall sie hinter dir zu – Schluss mit deinem Auftritt, Schluss mit dem Text, egal, an welcher Stelle dieses Textes du gerade bist. Ich blieb wütend – ein Schauspieler lässt sich viel gefallen, am wenigsten aber, dass ihm Text weggenommen wird. Wir schrien uns an auf der Probe, ich schrie wahrscheinlich als Erster, und wer als Erster schreit, ist immer der Verlierer – man ahnt es und schreit noch lauter.

Und die Weigel?

Blieb ganz ruhig und setzte sich durch: Zu viel Text hätte die rasante Flucht verzögert. Und tatsächlich: Da ich den ganzen Text unterbringen wollte, lief ich natürlich langsamer. Diese Logik wurde vernichtet.

Mit welchem Ergebnis?

Es geschah so, wie die Weigel es wollte – und es gab an dieser Stelle stets Szenenapplaus. Übrigens war ich eigentlich mit der Titelrolle besetzt. Ich war der Wilde, Heinz Schubert der Schüchterne, Verängstigte. Zur zweiten oder dritten Probe hieß es knallhart: Rollentausch. Es war eine völlig richtige Entscheidung.

(Barbara Brecht-Schall: »Das klingt, als seist du damals sofort einverstanden gewesen. Du warst total unglücklich und hast dich an dem Abend, als du es erfahren hast, betrunken.«)

Sie bewunderten die Weigel?

Wer nicht! In der »Mutter« freilich fand ich sie zu gedämpft. Die Weigel reizte mich in dieser Rolle zur spöttischen Frage, wie sie Brecht angeblich mal an jemanden gerichtet haben soll: Worauf sind Sie eigentlich zu bescheiden? Ein armes, huschiges Wesen, diese Pelageja Wlassowa. Gefiel mir nicht. Zu wenig härtere Kontur. Aber freilich ändert dieses Urteil nichts an meiner grundsätzlichen Hochachtung. Sie war eine so glänzende wie raffinierte Protagonistin. Wie die Giehse. Sie konnte Räume füllen, selbst wenn sie sich duckte. Phänomenal. Helli war eine Meisterin der Reduktion oder sagen wir es besser: der Konzentration. Ihre Hartnäckigkeit verfügte über nahezu tückische Mittel, die mit angeblicher Schwäche kokettierten. Bei Strittmatters »Katzgraben«, als sie eine Großbäuerin spielte, da wollte sie eine kropfige Stimme. Brecht grummelte, stöhnte, knirschte dagegen – aber sie blieb stur, sie spielte mit kropfiger Stimme. Erstaunlich, wie sie, völlig ungelehrt, die Fabel eines Stückes spielte. Ihr Gefühl wusste ganz genau: Wann bin ich Mittelpunkt, wann muss ich Schritte zurückgehen, wann »verschwinde« ich? Der große Ernst Busch war das Gegenteil:

Er stand da und blieb. Er war ein Beherrscher, für den es keine Zwischenstadien gab. Wekwerth sagte: Er spielte den Galilei so, dass er eines Tages meinte, nicht nur ein guter Schauspieler, sondern auch ein guter Physiker zu sein. Die einzige Möglichkeit, gegen ihn anzukommen: Man musste ihn verdrängen. Dazu musste man sich Techniken ausdenken.

Dachten Sie sich auch welche aus?

Klar.

Und welche?

Er hatte eine überaus kräftige, durchdringende und nachklingende Stimme, es hatte also überhaupt keinen Sinn, als Spielpartner auf der Bühne sofort auf ihn zu reagieren – wirklich! Busch schluckte sogar den Text seiner Spielpartner weg. Das heißt, man musste beim Spiel mit oder gegen ihn eine Zäsur schaffen, und sei sie noch so künstlich; man musste, nachdem er dran war, abwarten, man musste extrem die Pause kultivieren, man musste sich absetzen, man musste betont anders spielen und sprechen, am besten war es, mit intensiver Gedämpftheit auf die Kraft von Busch zu reagieren. Natürlich nahm er das wahr, er konnte aber nichts ausrichten gegen dieses Spiel auf Zeit. Das übte und lernte ich: selber erst dann in Aktion zu treten, wenn sich das Publikum Buschs Stimme aus dem Ohr geschüttelt hatte.

Das Leben regelrecht als Kampf.

Ja, und unser Kampf auf der Bühne des Berliner Ensembles war in großen Momenten ehrlich und redlich.

Vielleicht also ganz anders als die Kämpfe im Leben.

Um aber noch mal grundsätzlich zu sagen: Ernst Busch war ein grandioser Schauspieler, grandios auch, weil er seine Kunst mit seiner Existenz beglaubigte.

Wie Erwin Geschonneck. Heiner Müller sagte: »Biografie füllt Text.«

Geschonneck blieb Kommunist, ein Leben lang.

Nun sagt das zunächst wenig über die Qualität eines Schauspielers, denn so allgemein ist da nichts Gültiges zu knüpfen zwischen Gabe und Gesinnung.

Na ja, Geschonneck plus Gabe plus Gesinnung, ich bitte Sie, das war schon eine sehr unverwechselbare Qualität. Ihm ist das zwanzigste Jahrhundert nicht schlechthin auf den Leib geschrieben gewesen, es ist ihm unter die Haut gegangen, es ist ihm als Nummer in diese Haut eingraviert worden, und was ihm da alles unter die Haut gegangen war, das leuchtete ein Künstlerleben lang nachdrücklicher als alle Orden, die er ja ebenfalls bekam.

Im Staat – in dem er ankam.

Er kam politisch dort an, wofür er sein Leben lang gekämpft hatte, und er kam bei den Menschen an. Und der Mann hat seine Haut nie zu Markte getragen. Es gibt übrigens einen wirklich schönen Text von Manfred Wekwerth über Geschonneck (*kramt, findet, liest*): »Das Erste, was ich von diesem Schauspieler sah, war ein Magazin aus dem Jahre 1929. Es war eine Reklame für Herrenhut-Moden. Auf einer ganzen Seite waren nebeneinander neun verschiedene Hüte angeboten. Nichts Außergewöhnliches, eben die Kopfbekleidung des Bemittelten, der dies auch nach außen hin zeigen will. Ungewöhnlich aber war der Kopf, der die Hüte vorführte. Er gehörte nämlich Erwin Geschonneck, damals noch nicht Schauspieler, sondern Arbeitsloser. Und wie er als Arbeitsloser seinen Kopf hinhielt für die Hüte der Besitzenden, das war schon damals von plebejischem Witz: Unter jedem Hut zeigte Geschonneck das selbe unbewegte Gesicht. Wo er eigentlich zum Kauf einladen sollte, lud er zu ganz anderem Gedanken ein: Diese Leute, die sich gleichen wie ein Ei dem anderen, brauchen so viele Hüte, einfach, um sich voneinander zu unterscheiden. Die Ausdruckslosigkeit war mit Nachdruck hergestellt. Dieses Gesicht widerlegte den Zweck der Hüte: Kleider machen eben keine Leute.«

Geschonneck spielte zunächst im Ensemble des Deutschen Theaters.

Nicht jeder passt an jedes Theater. Zum Beispiel war der so herrlich stimmmächtige Willy A. Kleinau zunächst am Berliner Ensemble und Geschonneck am Deutschen Theater. Beide wussten an ihren jeweiligen Orten nicht so richtig, wozu sie geladen waren. Erst der Wechsel des einen zum DT und des anderen zum BE brachte beiden die Erfüllung. Geschonneck bekam am BE jede Rolle, auch jede, mit der er überfordert war – Brecht liebte ihn, aus politischen Gründen.

(Barbara Brecht-Schall ruft aus der Küche herein: »Geschonneck wollte damals sogar eine Werbe-Leuchtschrift vorm Theater: ›Erwin Geschonneck – Sie werden es nicht glauben! – als Don Juan!‹«)

Er spielte im »Krug« den Dorfrichter Adam – auch so eine Rolle, die ihm keinesfalls in die Wiege gelegt worden war. Brecht besetzte wirklich abenteuerlich, er war neugierig auf noch unbekannte Wirkungen, auch dann, wenn das gegen seine eigenen Vorgaben sprach. Er hat zum Beispiel geschrieben, das Vorbild für die Stumme Kattrin in der »Courage« sei die Tolle Grete von Pieter Bruegel, dürr, ziemlich groß. Aber besetzt hat er rundlich. Der Praktiker Brecht hielt sich nicht unbedingt an den Theoretiker Brecht. Eine Verfahrensweise, die seine Schüler zum Glück übernahmen – an keinem anderen Theater hätte ich wahrscheinlich einen so schweren Helden wie Coriolan spielen dürfen. Mit meiner gedrungenen Figur gab ich so einen – der gigantische Heeresmassen dirigiert.

Geschonneck spielte am frühen BE, Bernhard Minetti am späten BE. Extremer können sich Lebenswege nicht voneinander unterscheiden. Zum 90. Geburtstag von Bernhard Minetti 1995 fand eine Festveranstaltung just im Berliner Ensemble statt.

Manchmal hat man immense Lust, ungerecht zu sein. Wenn dieser Name fällt, überkommt mich diese Lust. Er war für mich kein großer Schauspieler, aber er war immerzu dort, wo die Großen lebten. Er ist altertümlich gewesen. Über seine Mitläuferschaft unter den Nazis will ich nicht reden, aber immer habe ich diese schwammige Ausrede von Heiner Müller gehasst, er stelle solche Leute wie Bernhard Minetti bloß, indem er sie am Berliner Ensemble für einen Geist benutze, der ihnen wie eine Strafe vorkommen müsse. Ich habe ihm gesagt, ich als ehemaliger Genosse möchte nicht an einem Theater sein, das sich mit ehemaligen Nazis hervortut. Da wurde ein Minetti zum hohen runden Geburtstag auf der Bühne Brechts auf einen Ehrensessel gesetzt und gefeiert – und ein Mann wie Erwin Geschonneck, Kommunist, KZ-Häftling, Überlebender des Flüchtlingsschiffs »Arcona«, Brecht-Protagonist erster Ordnung, muss seinen hohen Geburtstag am Hackeschen Markt in einer Nische feiern. Ihm wurde das BE nicht huldvoll geöffnet. Das war eine Schande.

Noch mal zu Ernst Busch. Hat er sich auch Brecht gegenüber störrisch gezeigt?

Ja. Zum Beispiel hätte Brecht beim »Galilei« gern den altersgezeichneten Versager Galilei gezeigt. Der das gefährliche Wissen rausschmuggeln lässt und nun unzufrieden vor sich hinknurrt: Verdammt, mir fehlte wirkliche Courage, meine Kraft für die Wahrheit hat nicht gereicht. Nun steht für ihn die Frage: Wie werde ich der unvermeidlichen Realität der falschen Sieger gerecht, ohne mich gänzlich aufzugeben? Diese immer wieder ganz, ganz schwierige Frage, in fast jeder Zeit. Andrea, der Schüler, war eigentlich nur zu Galilei aufs Landgut gekommen, um seinen Lehrer zu verabscheuen. Plötzlich gibt der ihm das forschungsrevolutionäre Manuskript, die Discorsi. Andrea schwenkt sofort um, der Lehrer ist nun wieder der Größte. Dem Galilei ist das peinlich, denn es bleibt doch dabei, und er besteht darauf: Er hat im Grunde versagt. Brecht wollte, dass Galilei dem Andrea klar macht, welch fatale Folgen es hat, wenn Intellektuelle aufweichen.

Er wusste, wovon er redet.

Na jedenfalls verweigerte Busch sich allein schon Brechts Bitte, sich gebrechlich und gedämpft hinzusetzen. Er setzte sich hin wie der ewige Phraseologe vom Dienst. Niederlage? Ach, nur eine Gelegenheit, gestärkter denn ja daraus hervorzugehen. Brecht wurde fuchsig, spielte ihm Haltungen vor, er konnte wunderbar vorspielen, indes: Busch fand das ekelhaft, er, der Genosse beharrte auf seinem Recht, nämlich auf sieghafte Haltungen noch im Elend der Selbsterkenntnis. Busch nahm sich jede Rolle wie ein Stück Holz, er griff dann zur Axt und schlug sich das Holz nach seinen Vorstellungen zurecht. Es sei unbedingt hinzugefügt: Er machte das großartig, einmalig – aber er war so ganz anders als ich.

Was ist denn die Aufgabe des Einzelnen – im Ensemble?

Die gleiche wie in jeder Gemeinschaft: großen Aufwand für sich selber betreiben – und dabei doch einverstanden sein, dass jeder zu seinem Recht kommt.

Bekamen Sie als junger Schauspieler mit, was Helene Weigel als Intendantin zu schleppen hatte?

Die Auseinandersetzungen, die sie kulturpolitisch zu führen hatte, trug sie nicht vor uns Jüngeren aus. Auch auf diese Weise hat sie uns vor vielem bewahrt und vor vielen geschützt.

Aber Sie spürten doch, dass das Berliner Ensemble keine Truppe ungetrübter Harmonie war.

Es gab Diadochenkämpfe. Das ging los mit Besson und Wekwerth, dann ging's weiter mit Palitzsch und Wekwerth und leider auch mit Wekwerth und der Weigel. Sie war für jeden Prediger der Planwirtschaft eine krasse Störung. Man durfte sie sich durchaus als störrische Hüterin eines Familienunternehmens vorstellen. Ulbricht verfasste einen Wälzer über Leitungstätigkeit, die Weigel kam zu mir und sagte, Buberl, studier das, zeichne die Stellen an, die ich wissen muss. Ich quälte mich durch, es war ein Elend. Manfred aber sog das Buch auf, er sog alles auf, was den Anschein einer Wissenschaft hatte und ihm zugleich das Gefühl gab, er wisse es besser. Nun war das bei Ulbricht nicht besonders schwer. Wekwerth stellte beim Studium des dicken Werkes jedenfalls fest, dass die Praxis am Berliner Ensemble mit den vermeintlich zeitgemäßen Leitungsmaximen kaum mehr zu vereinbaren war. Er arbeitete eine Übernahmekonzeption aus, sechzig Seiten lang. Mir wurde aufgetragen, auch das zu lesen. Es war mächtig ambitioniert, ein Putschpapier. Er konnte sich nicht durchsetzen, er drohte mit Kündigung, wenn ihm nicht gefolgt würde. Also wurde ihm gekündigt, und er geißelte das in einer für mich kleinlichen Weise. Man kann doch nicht das Mittel der Kündigung ins Spiel bringen und dann zetern, wenn's angenommen wird. Manfred hatte nicht immer die Größe einer souveränen Reaktion bei Kämpfen, in denen er unterlag.

Wenn Sie über Ihren Beruf sprechen oder schreiben, fällt Neugier auf andere Schauspielpraktiken auf, auch Lust, sich zu vergleichen – natürlich mit anderen Besessenen. Nennen Sie spontan einen Namen.

Laurence Olivier. Er sagte zu mir, er sei der bislang letzte »gewöhnliche« Darsteller des Coriolan gewesen, aber mit meiner Darstellung habe eine neue Geschichte dieser Figur begonnen – nun ja, er schmeichelte.

1964 war die Premiere Ihres Coriolan am Berliner Ensemble.

Er lud mich bei unserem Gastspiel in London ein, seine Garderobe zu benutzen. »Da steht der Whisky«, sagte er. Irgendwann später gastierte er im Westberliner Schillertheater, als Othello, er rief Barbara und mich an, wir fuhren zu einer der Vorstellungen. Ich sah einen Othello, der mir mächtig imponierte, so wie keine andere der Gestalten im Stück, weder Jago noch Desdemona. Barbara mochte diesen Othello allerdings nicht so sehr, sie meinte: »zu viel Onkel Tom«.

Und Sie, was beeindruckte denn Sie so an Olivier?

Er trug ein Kostüm, das bestand fast nur aus einem Lendenschurz. Darüber ein Hemd ohne festen Halt und Sitz, es flatterte. Im Laufe der Vorstellung war also fast jedes Stück Körper dieses Othello zu sehen. Das bedeutete: Olivier musste vorher, wegen der schwarzen Schminke, eine stundenlange Prozedur über sich ergehen lassen. Mit Seidentüchern wurde das Schwarz in die Poren einmassiert, so lange, bis kein Schweiß mehr helle Flecke auf der Haut bilden konnte und nichts von diesem Schwarz auf andere Kostüme abfärbte. So etwas betreibt man zur Premiere gern, aber doch nicht andauernd, bei jeder abendlichen Vorstellung – und auch das Abschminken nach der Aufführung nahm ja Stunden in Anspruch. Diese Versenkungsleidenschaft faszinierte mich. Und dann hatte er sich noch so einen speziellen, merkwürdigen Rollgang angeeignet, von Afrikanern abgeschaut. Im Gespräch erzählte er mir, er habe alle großen Shakespeare-Gestalten gespielt, aber stets habe ihn geplagt, dass der Othello fehle. Er habe viele Regisseure angerufen, aber keiner biss an. Orson Welles habe ihm sogar klipp und klar gesagt: Du? Du bist kein Othello!, denn: Othello ist ein baritonaler Typ, du aber, Laurence, bist Tenor! Na ja, da griff ein Konkurrent einfach bloß zu einem verblüffend abseitigen Argument, um einen Kollegen abzuschrecken – Welles sah sich wohl selber als den idealen Othello. Aber Oliviers Ehrgeiz war nicht zu bremsen. Baritonal? Also erarbeitete er sich innerhalb eines halben Jahres sechs tiefe Töne. Er trainierte, bis er ganz sonor sprechen konnte, allerdings ging das nur bei gedämpfter Lautstärke. Er konnte demnach nicht sehr viel Kraft hineingeben in die neue Stimmlage. Auf diesem Sonoren baute er seine Rolle auf, es passte zu des Mohren Vertrauensseligkeit – den verzweifelt und verstört Brüllenden gab er erst, wenn das Sonore eh nicht mehr am Platze war. Olivier unterwarf die Rolle also seinen Fähigkeiten – erst später, wenn dieser Othello von Misstrauen überwältigt wird, hob Olivier die Stimme, zum Schluss hatte sie den schrillen Klang einer Sirene.

(»Schauderhaft schlecht!«, ruft Barbara Brecht-Schall von hinten herein.)

Ja ja, ich weiß (*Schall lacht*.) Barbara kann eine gnadenlose Kritikerin sein. Sie lässt sich von Wirkungen nicht bestechen. Ich aber mag die Obsession, auch die Verstiegenheit.

Was heißt das: Verstiegenheit?

Du gehst mit einer Rolle auf Wanderung, sie ist die Felswand, in der man sich freilich auch versteigen kann. Dann hängst du im Eis. Das ist mir aber lieber als jedes Flachland. Auch Marlon Brando bewunderte ich, der hatte sich im Film als »Pate« Watte in die Wangen gestopft, damit sein Gesicht aufgequollen aussah. Beim Film »Faust im Nacken« ließ er sich Boxerwülste in die Augenbrauen spritzen. Oder Robert De Niro: Für die Rolle eines Boxers fraß er sich mehrere Kilo an.

Burgschauspieler Gert Voss erzählte, er möchte stets so spielen, als sei es das erste und das letzte Mal – es sei der leider ewig unerfüllbare Traum: in der jeweilig nächsten Rolle so zu erscheinen, dass man ihn nicht erkennt.

Verwandlung ist der Sog des Berufes. Den US-amerikanischen Schauspieler der Stummfilmzeit, Lon Chaney, nannte man den »Mann mit den tausend Gesichtern«, er ließ sich sogar Zähne ziehen, um eine andere Gebiss- und Kieferform als mimische Mittel auszuprobieren. Über seinen Verwandlungsrausch gibt es einen schönen Witz: Charlie Chaplin und Buster Keaton gehen spazieren, und angesichts eines Wurmes, der über die Straße kriecht, sagt Chaplin: Vorsicht, es könnte Lon Chaney sein! Großartige Kennzeichnung eines Berufsbildes!

Olivier und seine Stimme als Othello. Auch Sie sind ein Extremist der Tonlagen. Wie war Ihre Stimme, als Sie mit dem Beruf begannen?

Als ich ein junger Schauspieler war, kam meine Stimme wie aus einer zerbeulten, zerquetschten Tuba. Wahrscheinlich hielten mich alle für einen Psychopathen. Wekwerth und Palitzsch mussten oft heftig korrigieren, was ich da auf die Bretter schmiss. Die Weigel meinte, ich müsse mir eine massive, tragfähige Normalstimme anarbeiten. Buberl, sagte sie, du forcierst nach oben, so wird die Stimme dünn und dünner. Ich las bei den Regeln nach, die Goethe für Schauspieler herausgab: Deren Stimme sollte immer einen halben Ton unter der Normalstimme liegen. Das fand ich lehrreich – denn ich dagegen sprach so, dass ich rasch und rascher zur Fanfare kam. Also, Sie sehen, ich war ein permanenter Fall für Reparaturen.

Die Stimme als Teil der Artistik.

Unbedingt. Ui kräht und kreischt und japst und sägt und röhrt. Beim Coriolan aber musste ich ins Tenorale kommen, und zwar absolut locker, weich und schwungvoll. Die Stimme sollte tanzen und majestätisch schwingen wie die Toga eines Römers. Josef Kainz, in dessen Pose ich mir als junger Spund eine Künstlerpostkarte machen ließ, ging als Romeo sogar hoch bis ins C.

Ui hält eine Ansprache an seine Leute – und Ihre Stimme steigert sich zu einem unbeschreiblichen Fauchen; es ist, als schnitte ein Schwert unheimlich schnell durch die Luft. Da ist etwas Rasiermesserartiges, wenn dieser kleine miese Gangster das Wort »Glauben« ausspricht. Gleichzeitig klingt es, als habe er eine Erkenntnis gleichsam vom lieben Gott bekommen.

Ja, »Glauben«, das ist für ihn ein Wort nicht von dieser Welt. Das Zischen, mit dem er aus sich heraustreibt, es gleicht dem Ausdruck für eine Eingebung. Er wird beinahe zum Kind. Es war eine Idee von Helli: Sei bei dem Wort »Glauben« überraschungsbereit, sei ganz, ganz einfach. Sie sagte, auch Gangster wollen glücklich sein und wagen dafür Demut – sie verwies auf den seltsamen Umstand, dass es doch etwas auf sich haben muss, wenn so ein Meister der Durchdachtheit wie Brecht das Wort »Glauben« derart oft hinschreibt. Ein guter Dichter folgt seinen Instinkten so, dass es für Leser zur geistigen Anforderung wird.

Gert Voss, den wir bereits erwähnten, hat sich für Vorstellungen des »Othello« am Akademietheater Wien jedes Mal in der Nacht vor einer Vorstellung heiser gebrüllt. Er wollte das angeschlagene Tier sein, das bis in die Stimme hinein brüchig war, als habe es sich im Schmerz auch die Stimme zerstört. Wie bereiteten Sie sich auf die Stimm-Folter des krähenden, keifenden, fauchenden, blökenden Ui vor?

Auf jede Vorstellung habe ich mich körperlich und stimmtechnisch so vorbereitet, wie wir es bereits besprochen haben: als würde ich an dem Abend den »Ui« das erste und das letzte Mal spielen. Und ihn auch nur ein einziges Mal spielen können. Es hieß unter Kollegen, ich würde mit diesem Kreischen nicht zehn Vorstellungen überstehen. Ich vergesse mich gern, ich quäle mich, ich zerfleische mich. Ich wusste bei jeder Rolle: Ich werde meinen Körper später sehr um Vergebung bitten, aber jetzt muss er jagen wie ein gepeinigtes Pferd. Die Strapaze ist der Beweis, dass man arbeitet.

Selbstfolter. Die Austreibung der Geister, die zur Mäßigung verführen wollen.

Ich habe immer wie ein Leistungssportler trainiert, ich stand regelmäßig an der Stange, schuftete auf der Matte.

Immer noch?

Stange nicht mehr, Krafttraining ja.

Wie haben Sie sich beim »Ui« in Rage gebracht, in diesen Anschein von Übergeschnapptsein?

Zu Hause habe ich gern und oft Musik von James Brown aufgelegt. Stimmliche Wildnis ohnegleichen. Browns Kreischen hat mich jedes Mal aggressiv gemacht. Ich ging aufgeziegelt und genervt zur Vorstellung, ich hatte Lust, mit Lautstärke umzugehen, als sausten Peitschenschläge durch die Luft. Es bedarf, vor extremen Entladungen, solcher Stimulanzen. Im dänischen Exil Brechts hing an dessen Wand ein Zettel: Hitler habe ihm sein Auto vom Typ Steir geklaut, das Haus in Utting und die gesamte Bibliothek. So hielt er seine Wut am Leben. Denn es ist künstlerisch das Ende, wenn man in totale Unberührtheit verfällt.

Nach fast 25 Jahren und 532 Vorstellungen drängten Sie 1974 auf Absetzung der erfolgreichsten BE-Inszenierung aller Zeiten.

Die Zuschauer protestierten bei der letzten Vorstellung. Aber ich hatte mich an diesen Ui zu sehr gewöhnt, die Rolle war mir so lieb geworden, dass ich fürchtete, nicht nur die Rolle, sondern auch diesen Kerl zu mögen – das wäre mir nun wahrlich zu weit gegangen (*lacht*). Außerdem: 1959 war es eine Provokation, über den Hitler-Typus zu lachen, irgendwann nicht mehr.

In einem Interview mit der »Deutschen Bühne« sagten Sie: »An mir lag es, sowohl bei den Umbesetzungen als auch in den laufenden Vorstellungen das Niveau der Inszenierung zu halten.«

Ja. Auch das schlaucht. Über all die Jahre hin erlebte ich zahlreiche Umbesetzungen. Na ja, ich erlebte sie nicht, ich kümmerte mich um alles – denn jede dieser Umbesetzungen griff ja schließlich in mein Leben ein.

Eine große Szene war jene Rede Uis – die dann in einer weiteren Szene noch einmal wiederholt wird, nachdem er Schauspielunterricht genommen hat.

Es ergab sich, dass die Art, wie er seine Reden hielt, um das Volk oder die eigenen Leute oder die Trust-Herren zu überzeugen, saukomisch war. Erst redet er, indem er droht – der kleine miese Gangster eben, er verkrampft, er kräht; dann nimmt er Schauspielunterricht, man hört dann fast noch einmal die gleiche Rede, das war eine tolle Idee der Regisseure, denn diese wiederholte Rede ist zugleich eine völlig andere Ansprache: Jetzt will Ui nicht pressend drohen, jetzt will er gewinnen, umgarnen, und er kann es jetzt auch – freilich ist er nicht weniger lächerlich, denn es bleibt für den Gangster ein kräfteforderndes Unterfangen; es übersteigt fast die Möglichkeiten seines Gemüts. Ich wollte Manipulation als schwere Arbeit zeigen.

Zu den Attraktionen Ihres Spiels gehörte Uis artistischer Tanz auf einem gefährlich kippelnden Sessel.

Während der Proben habe ich die Sache mit dem Sessel nie ausprobiert oder gar einstudiert. Bei der Generalprobe versuchte ich diese Trampolin-Nummer das erste Mal. Ich hatte keine Erfahrung, wie das ausgehen würde. Ich hatte sogar Angst, mich zu verletzen. Es stand also kein Plan dahinter, es ergab sich zufällig. Es gehört zur Ökonomie der Schauspielerei, sich im Spannungsverhältnis von Reproduktion und spontaner Erfindung frei und auslotend zu bewegen, und so gehört es auch dazu, sich instinktiv für unvorgesehene Kraftproben aufzusparen. Beim Ui musste ich mir bei den Proben etwas Stabiles aufbauen für den dauernden Wechsel zwischen der Behendigkeit dieses Typs und seiner Verknotetheit.

Die Inszenierung bekam den Nationalpreis.

Ich nicht! Es war ein Preis für die Aufführung, für die Regie. Die Partei ging davon aus, ich spiele Hitler. Für Hitler gab es keinen Nationalpreis. Thälmann oder so etwas, ja, das wär's gewesen. Ich bekam dann wenigstens den Kunstpreis der DDR und 1961 den Nationalpreis II. Klasse für meine gesamte schauspielerische Arbeit, ohne konkreten Bezug zu einer Rolle.

Wie finden Sie eigentlich Heiner Müllers »Ui«-Inszenierung am Berliner Ensemble?

Ich habe sie nicht gesehen, und ich weiß gar nicht, ob ihn das Stück wirklich interessiert hat. Aber mit einem Schauspieler wie Martin Wuttke versprach es ein jederzeit volles Haus. Das brauchte er als Intendant. Mit seinen eigenen Stücken funktionierte das nicht.

Gibt es ein Stück Müllers, das Sie als Schauspieler interessieren könnte?

»Titus Andronicus.« Wir wollten es machen. Wir wollten versuchen, ob unser Respekt voreinander eine ganze, intensive Arbeit durchhält. Aber Müllers Tod beendete alles, bevor wir überhaupt beginnen konnten.

Durchaus im Zusammenhang mit dem »Ui« steht, dass Sie 1996 eine Art monologisches Hörspiel aufführten – Hitlers »Mein Kampf« auf zwei CDs. Haben Sie das Buch als Jugendlicher noch in die Hände bekommen?

Als der Krieg zu Ende war, musste ich mit anderen Schülern zusammen losziehen, wir hatten den Auftrag, überall in der Stadt verbotene Bücher einzusammeln, sie sollten vernichtet werden, Nazischwarten also. Ich war natürlich neugierig auf Bücher, zumal verbotene. Wir lagerten diese Literatur in Luftschutzkellern, abends krochen wir über die Notausgänge, die wir vorher von innen geöffnet hatten, in diese Keller hinein und holten manche Bücher wieder heraus. Da habe ich das erste Mal »Mein Kampf« gelesen. Erstaunlich war, dass ich bei den meisten älteren Leuten um mich herum merkte, sie kannten dieses Buch gar nicht, sie hatten es nie gelesen.

Man hat bei Ihren Erzählungen zum Charakter Ihrer Kunstproduktion den Eindruck: Weit mehr als die Erarbeitung der Rollen interessierte Sie in den frühen, den fünfziger Jahren das Auskundschaften Ihrer selbst.

Ich hatte immer Lust auf Unnatürlichkeit, ich wollte bei allen künstlerischen Wegen, die wir am BE gingen, unbedingt den Abzweig. Ich pochte auf die Außenseiterschaft im Gefüge. Ich brachte jeden meiner Körperteile in Aktion – und somit in die Krise. Ich choreografierte mich selber in die auffälligsten, ausgestelltesten Ausdrucksformen hinein. 1954 bei »Hirse für die Achte«, einem chinesischen Volksstück, spielte ich den japanischen Ortskommandanten, einen Offizier der Besatzungsmacht. Der Mann hatte für mich keine Oberarme, nur Unterarme. Ich ließ mir die Arme also festbinden, so dass genau dieser Eindruck entstand. Dazu ein Fistelton und eine Mütze mit einem riesigen Schirm. Der große Proletarier Raimund Schelcher, mit dem ich spielte, war entsetzt – er akzeptierte auf der Bühne eh nur, was seinen eigenen darstellerischen Vorstellungen und Möglichkeiten entsprach, vor allem dann, wenn er betrunken war. Schelcher hasste es, komisch zu sein. Ich ging auf ihn zu, wollte ihm befehlsgeberisch und einschüchternd in die Augen sehen, ging näher und näher an ihn heran – so dass ich ihm automatisch den gigantisch ragenden Mützenschirm in den Mund stieß. In die Augen blicken konnten wir einander nie. Das war schreiend komisch, fanden wir. Kurz vor Ende der Probenzeit meldete sich Brecht an. Panik brach aus. Er würde die Frechheit unserer Übertreibung nie akzeptieren. Nur war die Zeit zur Premiere inzwischen so knapp geworden, dass eigentlich kaum mehr was zu ändern war. Die Inszenierung stand. Fred Düren spielte mit, Raimund Schelcher, Norbert Christian. Und ich Krampfbündel. Es war die erste Regie von Wekwerth. Er kam zu mir und flehte geradezu: »Bring ihn zum Lachen, das ist unsere einzige Rettung.« Brecht kam, er lachte und sagte: »Schall, spätestens in zwei Jahren wollen Sie so etwas nicht mehr spielen.« So redet der Bauer mit den jungen Fohlen auf der Weide. Übrigens sprach ich in der »Hirse« so, wie ich mir die japanische Lautsprache vorstellte. Sehr hoch die Töne, und alles zwischen wahnwitziger Schnelligkeit und leiernder Eintönigkeit. Wir probierten auch das Sitzen an sehr, sehr niedrigen Tischen – das schien uns ebenfalls typisch asiatisch zu sein. Der chinesische Übersetzer, der die Arbeit am Text begleitete, machte uns eines Tages darauf aufmerksam, dass dieses Hocken am Boden und das Sitzen an den furchtbar unbequemen niedrigen Tischen in Asien längst aus der Mode gekommen sei. Diese Bemerkung störte, denn damit wurde ein Kern des Inszenierungsstils in Frage gestellt. Die Regie war verstört. Brecht wurde befragt. Er überlegte und entschied dann, das Mobiliar müsse unbedingt bleiben – und unsere Art zu spielen auch. Seine Begründung war verblüffend: Gäben wir diese Spezifik auf, könnte man uns vorwerfen, wir hätten uns nicht erkundigt und nicht mit den fremden Traditionen und Riten beschäftigt. Auf so große Entfernungen hin verlören sich die Differenzierungen. Irgendwo in Asien, ich glaube, in Peking, spielten sie »Kabale und Liebe« in langen blonden Zöpfen, wir sahen Fotos. Typisch deutsch eben und typisch Klischee. Aber es wirkte dort garantiert, als habe man sich auf akribische Weise kundig gemacht über die ferne Kultur.

Womit haben Sie denn Brecht bei der »Hirse« konkret zum Lachen gebracht?

Er lachte über die erwähnte Nummer mit Schelcher. Und dann gab es noch eine andere Szene, auch ein uralter Trick aus dem Stummfilm, Ben Turpin hat ihn perfektioniert. Es stand da ein Fußhocker, über den muss der japanische Kommandant hinwegsteigen. Ich machte es so, als gäbe es diesen Hocker vor mir gar nicht, ich ging zwar drüber, aber so, dass sich dabei meine Kopfhöhe und die Schulterhöhe um keinen Zentimeter veränderten. Brecht lachte. Er sagte, ich hätte ihn davon überzeugt, dass ich diese Spielweise jetzt brauche.

Wenn man, schon als Spund, den Beruf so exzessiv ausübt wie Sie – ist man da ein unbedingt beliebter Kollege?

Wenn man sich ungebärdig in etwas hineinstürzt und das Differenzieren nicht absolut für reiz- und wirkungsvoll hält, dann neigt man automatisch zu einem Arbeiten, ja zu einem Leben über die eigenen Verhältnisse. Und über die Verhältnisse derer, mit denen man zusammen ist. Die besorgte Hauptfrage aller, die auf mich Einfluss nahmen oder nehmen wollten, war: Wie nur kriegen wir den Kerl locker?

Es gibt die schöne Geschichte vom Seiltänzer: Der Seiltänzer geht übers Seil, während die am Boden Stehenden ihm von unten ihre falschen Instruktionen geben. Bis er abstürzt. Wenn der Seiltänzer im Gips daherkommt, so weiß es die Praxis, werden sie ihm zeigen, wie er zu gehen habe.

Der Neid ist bekanntlich eine Massenorganisation.

Der Kritiker Henning Rischbieter schrieb ein Buch über den Schauspieler Klaus Kammer, der in den sechziger Jahren Furore machte mit Kafka: »Bericht für eine Akademie«, in Westberlin. Kammer beging wahrscheinlich Selbstmord, mit Autoabgasen in der Garage. Im Buch steht, Kammer sei überhaupt nur vergleichbar mit einem einzigen Schauspieler – Ekkehard Schall in Ostberlin.

Ich erinnere mich. Aber ich erinnere mich auch, dass mir etwas missfiel an diesem Vergleich. Es hieß da, meine Leistung erwüchse sichtbar aus Arbeit, während Kammer alles wunderbar genialisch zuflöge. Auf solche Wertung bin ich oft gestoßen, und sie hat mich, ehrlich gesagt, sehr geärgert. Genie ist hauptsächlich Fleiß.

(Im erwähnten Buch von 1964 heißt es: »In dem von Brecht begründeten und geformten Berliner Ensemble dominiert heute ein junger Schauspieler, wenig später als Kammer geboren: Ekkehard Schall. Auch Schall ist klein von Statur, wenn auch eher untersetzt, wo Kammer schmächtig war. Seiner Stimme fehlt der Wohlklang, ihr ist Nasales und brüchige Schärfe beigemischt. Beiden ist nichts an Bühnenerscheinung geschenkt worden, alles musste durch Nachdruck und Genauigkeit erworben werden. Auch Schall bewegt sich mit plastischer Präzision; jede Geste ist ausgeformt und von der anderen unmerklich und meisterlich fließend geradezu abgesetzt. Beide haben das körperlich Artistische hochentwickelt. Schall hat sich am Berliner Ensemble mit Intellektualität, Ehrgeiz und Fleiß durchgesetzt. Der irrtümlicherweise als gefühlsfeindlich angesehene Brecht ließ ihn im ›Leben des Galilei‹ die Szene der Verzweiflung des Schülers Andrea über den Widerruf Galileis mit weißem, intensivem Zorn spielen, in starker, allerdings gespannter emotionaler Steigerung.«)

Sie betonten oft Ihre Fremdheit unter landläufig Spielenden.

Ich kann nicht anders. Punkt. Mein Schauspielerfreund Horst Kube, dieser sympathische Grobian, sagte immer, ich sei kein Schauspieler, sondern ein Mimoplastiker.

Gab es in der Jugend Ihrer Kunstausübung Gleichgesinnte, die Ihnen das Gefühl einer künstlerischen Einsamkeit nahmen?

Ja doch! Es gab am Anfang durchaus Schauspieler, die in ähnlicher Weise wie ich daran arbeiteten, jede Natürlichkeit zu tilgen und von der Bühne jene angebliche, aber lügnerische Authentizität zu bannen, die scheinbar etwas mit der Realität des Lebens zu tun hatte. Regine Lutz zum Beispiel.

Die Realität des Lebens …

… hat auf der Bühne nichts zu suchen. Du brauchst einen Stuhl? Den muss keiner hereintragen. Lass ihn einfach von oben herabschweben.

Claus Peymann sagte, Sie seien der beste Castorf aller Zeiten. Aber mehrere Spieler Ihrer Art in einem Ensemble – das vertrüge kein Theater.

Das stimmt vielleicht, was die konkrete Sucht nach Körperlichkeit betrifft. Es stimmt nicht, was die Berufsauffassung anbelangt.

ZWEITES GESPRÄCH

*Man kann spielend
jede Haltung annehmen.
Und sich wieder
von ihr verabschieden –
wie von einer Freundin*

HANS-DIETER SCHÜTT: Als Siebzehnjähriger schrieben Sie, offenbar wie in Trance, eine Philosophie des Schauspiels.

EKKEHARD SCHALL: Sagen wir so: Diese Theorie hatte unzählige Kapitel, lang ausgewalzt, aber jedes Kapitel bestand eigentlich nur aus einem einzigen Ausrufezeichen: Avantgardismus ohne Grenzen!

Da kamen ungeheure Sätze vor, die Sie später auch in Ihren weltweiten Seminaren vorgelesen haben: »Merkt ihr nicht, wie euer Röcheln verschwindet, wenn es nicht durchtränkt ist vom Fieber der ersten Lust des in einem Weibe verkrallten Knaben? Kunst muss vergewaltigen, die ganze Menschheit im wenigen, zufälligen Publikum.«

Ich war ein Terrorist der Emotionen. Wir Jungen damals waren überhaupt feurigste Euphorie, wir gaben uns fiktive, wohlklingende Namen, wir rannten hinaus in die Wälder und umarmten die Birken. Wenn man Novalis las, dann musste es in der Nacht im Freien sein. Ich träumte davon, dunkle Bilder von Rembrandt im Dunkeln zu betrachten. Ich war ein riesiger Schwamm, der alles aufsog. Was mich interessierte, das bedichtete ich. Wie Rilke wollte ich sein – wie alle wollte ich sein, die sich ans Dunkle, ans Melodiöse, ans Todesnahe verloren. Tanzen wollte ich, das aber unbedingt auf des Messers Schneide. Ich hatte eine tiefe Abneigung gegenüber Leuten, die ihren Beruf mit Vernunft absicherten, die jedes Risiko berechneten. Mir ging es nur um eines: um Verausgabung.

Wurden Sie je vom Grundproblem des Berufes geplagt, von dieser fortwährenden Abhängigkeit? Abhängigkeit von Spielplänen, von Regisseuren, also letztlich von sehr subjektiven Faktoren, denen man oft nichts entgegensetzen kann.

Ich wollte rauskriegen, was ich kann, und das probierte ich unabhängig von den Rollen, die ich bekam. Insofern empfand ich keine Abhängigkeit. Wenn man das überhaupt so sagen kann: Ich verhielt mich der Wirklichkeit gegenüber mächtig autoritär, ich überging sie einfach, ich war ein unbarmherziger

Maschinist der körperlichen Möglichkeiten. Erst Maschinist, dann Ingenieur, dann Konstrukteur (*lacht*).

Der Vorwurf der Exzentrik hat Sie nie getroffen, oder?

Hat mich nie getroffen.

Noch mal: Das natürliche Spiel ...

Ich wollte nie in natürlicher Art spielen! Ich wollte manisch sein. Ich fieberte nach gestischem Übersprung. Das ging so weit, dass ich mir ausspann, die nächste Rolle nur mit der Stimme, mit einem Vokal, die übernächste vielleicht nur mit den Händen zu spielen. Ich sah meinen Körper als Werkzeugkasten oder als Kasten mit Bausteinen, und jeder Baustein sollte Kraft haben, einen Turm zu tragen. Wie wär's, mal eine Rolle nur mit dem Rücken zum Publikum zu spielen? Das hat der große Albert Bassermann mal so gemacht, Mitte der zwanziger Jahre, die Weigel hat es uns erzählt. Es war Ibsens »Stützen der Gesellschaft«. Ein Mann, den das Schicksal fortwährend peitscht. Man peitscht nicht Gesichter, man peitscht Rücken – das erhob Bassermann zu seiner gestalterischen Idee. Er spielte mit dem Rücken zum Publikum, der Rücken tanzte, krümmte sich, reckte sich, wurde weiche Masse oder harte Mauer. Das Publikum war erschüttert. Das Gesicht Bassermanns aber blieb ganz privat, man sah es ja nicht, die Weigel war entsetzt, dass er ihr sogar mitten im Spiel zuzwinkerte – während sein Rücken auf bestechende Weise schwere Tragödie spielte. So was durchfuhr mich wie ein Blitz. Es musste also möglich sein, den kleinen Finger einer Hand zum Hamlet zu erheben? So dachte ich, so fantasierte ich. Ich wollte keine Figuren füllen, ich wollte in Rollen olympisch herumturnen. Ich wollte Artist sein. Im Turmzimmer des Theaters in Frankfurt an der Oder übte ich jeden Tag zwei Stunden Körper- und Stimmtechnik. Draußen hingen Kollegen einen Zettel an die Tür: Wie mache ich meine Stimme kaputt? Nachzufragen bei Ekkehard Schall.

Brecht nannte Sie mal, in Ihrer Anfangszeit bei ihm, einen Hofschauspieler.

Er schrie: »Sie Jung-Siegfried!« Das geschah bei einer Abendprobe in den Kammerspielen. Er verließ sie erregt. Alle schauten mich neugierig oder hämisch oder vorwurfsvoll an, und ich wartete darauf, dass sich ein Bodenloch auftun und mich schlucken würde. So verging die Zeit. Brecht kam wieder. Wir spielten alles noch einmal durch. Ich wusste in diesen Momenten nicht mehr, wer ich war, ich hatte das Gefühl, nur noch mechanisch und motorisch falsch zu reagieren. Ich spielte sozusagen durch mich hindurch. Niedergeschlagen ging ich hinterher in die Garderobe. Unfähig für das übliche Geflapse. Wie geprügelt ging ich den Hintereingang raus. Kroch durch die Dunkelheit und hätte »Danke!« schreien können, dass es diese Dunkelheit gab. Plötzlich war dort, wo es etwas heller war, ein Schatten zu sehen. Brecht. Er sagte nur leise: »Nachher war's doch sehr gut.« Und schon war der Schatten wieder verschwunden.

Es ging Brecht doch sicher nicht darum, auf der Bühne Gefühle zu unterdrücken?

Nein, es ging ihm darum, sie als Bestandteil einer Haltung kenntlich zu machen. Immer galt es, Emotionen einzubinden in geistige Prozesse, in Interessensphären der jeweiligen Gestalt. Gefühle als unerwartete Geschäftsstörungen, als Ausdruck für Kontrollverluste.

Man wurde gedrängt, sich zurückzunehmen?

George Tabori, als er nach Deutschland kam, sah BE-Aufführungen und sagte: Ist ja ganz erstaunlich – die machen auf der Bühne gar nichts. Dieses Gefühl überkam mich ebenfalls, schon gleich zu Beginn meiner Zeit bei Brecht – überkam mich aber nicht als Gewinn, sondern als Einbuße, als Fessel. Damit war der entscheidende Widerspruch aufgemacht: Es entstand durch diese Spielweise des Kargen und Klaren eine große geistige Konzentration, andererseits peinigte mich das zunächst – schließlich war ich nicht Schauspieler geworden, um mich in mir selber zu verstecken.

Also keine, wie es landläufig heißt, Menschengestaltung?

Das Wort mag ich im Zusammenhang mit dem, was ich auf der Bühne tue, überhaupt nicht. Es klingt so nach Ganzheit einer Figur, es hat etwas Rundes an sich. Sehen Sie, unser Tag, unser Charakter, unsere Existenz, das alles setzt sich aus zahllosen Tat-Partikeln zusammen, in denen wir sehr uneinheitlich reagieren. Wenn ich eine Rolle erarbeite, so schwebt mir deshalb nie das Wunschbild einer Figur vor, ich baue mir im Vorfeld also keinen fest umrissenen Charakter, den ich dann spielend »auszufüllen« versuche. Die ganze Figur ist etwas, das einzig und allein den Zuschauer angeht, es ist das, was er sich während der Aufführung erschaut, sich selber zusammensetzt, je nach Bewertung der unterschiedlichen Arten, mit denen diese Figur in den Situationen des Stücks reagiert. Die Figur ergibt sich – für den Zuschauer. Mich als Schauspieler interessiert das Ganze nicht. Ich spiele Haltungen, ich halte mich an Nahtstellen oder Bruchstellen auf und wechsle zu neuen Nahtstellen oder neuen Bruchstellen. Jede Haltung ist eine Möglichkeit, aber es ist in jeder Situation immer auch eine andere Haltung möglich. Der Mensch stellt sich auf Situationen ein und übt sich so zwangsläufig in Irrationalität – die seiner Vernunft eine harte Schule bleibt.

Wir sind zu beträchtlichen Teilen unwägbar.

Quantität schlägt an Überraschungspunkten in eine neue Qualität um, nicht nach den Maßgaben eines Lehrbuches. Nicht so spielen, als ergäbe sich alles, nein, spielen, dass etwas eintrifft. Nichts nacheinander spielen, was auch übereinander geht. Man kann spielend jede Haltung einnehmen, aber man sollte davon ausgehen, dass man sich von ihr auch wieder verabschieden kann – wie von einer Freundin.

Immer kann der Mensch anders handeln, als er handelt?

Wäre das nicht so, wie sollte man dann an widerspruchsvolle Entwicklung, an Unwägbarkeit, an Rätselhaftigkeit, an Überraschung von Lebensprozessen glauben. Mut und Feigheit,

Sehkraft und Blindheit, Güte und Gewalttätigkeit, Liebe und Hass, Kraft und Ohnmacht – das bildet Klumpen, die von Situation zu Situation in anderer Rezeptur geknetet sein können. Nein, ich gestalte nicht Menschen. Ich summiere Möglichkeiten, wie man sich in ausgedachten Lagen verhält. Mich bewegt die Wahrhaftigkeit von Teilen, die zusammenzusetzen sind. Ich wiederhole mich: Mich interessieren am Theater nicht Menschen, mich interessieren philosophische Probleme. Das, was ich sehe, soll etwas sein, über das ich nach der Vorstellung unbedingt noch nachdenken und sprechen will. Theater ist für mich Mittel zum Zweck.

Seele?

Damit tat ich mich auf der Bühne immer schwer. Schauspielkunst veräußert, sie ist äußerlich, weil der körperliche Ausdruck unbedingt ein äußerlich hergestellter und nur äußerlich ablesbarer Ausdruck ist. Beim Spiel gilt einzig das Denken, das einen Ausdruck findet. Es ist ein anderes Denken als das der stillen Vorarbeit.

Sie sagten: Bruchstellen. Die oft schon zitierte Künstlichkeit. Liegt darin begründet, dass Sie nur wenige Filme drehten?

Kino ist die Illusion einer Realität, die einen förmlich aufsaugt, man hat keine Chance, seine Distanz zu wahren. Film vernichtet Abstände. Daher lebt der Film in besonderem Maße von Gestalten, mit denen man sich identifizieren, gleichstellen kann. Das war mir nie gegeben. Was zum Beispiel Manne Krug machte, als Schauspieler, das ist mir zu keiner Zeit möglich gewesen. Dieses Urbild von Natürlichkeit. Der spielte die Genossen, dass man unbedingt meinte, er sei auch im Leben der vorbildlichste Kommunist. Dass ich kein Filmschauspieler wurde, ja, das hängt mit dieser meiner Grundfigur der Künstlichkeit zusammen. Ich dachte oft scherzhaft, dass ich wunderbar in diese westdeutschen Edgar-Wallace-Filme hineingepasst hätte. Fritz Rasp, Klaus Kinski, sogar Eddi Arent: pure Konstrukte, absolute Künstlichkeit.

Immer wieder: die besagte Gier nach Fremdkörperschaft.

Vielleicht muss ich das präzisieren und noch einmal an das erzählte Beispiel Bassermann anknüpfen. Was er mit dem Rücken vollbrachte, das war ein Verweis auf die Ausdruckskraft der Kunst. Was ich sagen will, erhält nur Kontur durch die Art, *wie* ich es sage. Ein noch weit höher gelagertes Beispiel: Es gibt unzählige Madonnen-Bilder, aber die eine »Sixtinische Madonna« reicht aus, um die Menschheit zu erzählen. Ist das nicht wunderbar? Ja, würde alles andere an Kunst und Mitteilung vernichtet, Rafaels Bild aber bliebe, diese Genialität, *wie* er gemalt hat – wir wären für alle Zeiten sehr verständlich und einfühlsam erzählt. Jedenfalls unsere Fähigkeit zu Güte, Frieden, Einladung, Freundlichkeit.

Also?

Nicht Gedankendruck zählt, sondern Ausdruck.

Was ist das Wichtigste, wenn Sie sich einer Rolle nähern?

Mich inständig um deren schwächsten Punkt zu kümmern. Den herausarbeiten, ihn in Schutz nehmen! Es gibt bei jeder Rolle Determinierungen sozialer Art, es gibt Pressionen durch die Welt, der Menschen ja stets entsprechen sollen, es gibt also Bedingungen, an denen sich eine Figur wundreibt. Dort muss man ansetzen, an der Wundreibung, denn das Schwächste an einer Figur hat keine Chance sich durchzusetzen – und diese kleinste Größe, die hat mich immer interessiert. Weil man an dieser Schnittstelle all die Schwierigkeiten kennenlernt, die eine Figur bedrängen. Ja, die Welt will, dass wir ihr entsprechen, deshalb dringt sie in unseren schwächsten Punkt ein. Den muss der Schauspieler groß machen und sich für ihn einsetzen. Beim »Ui« arbeitete ich noch nicht so. Aber auf dem Wege des Beschriebenen war ich schon. Man muss bei solchen Rollen wie dem Ui – das Stück wird ja auch noch heute gespielt – unbedingt die historische Parallele vergessen, den historischen Ausgangspunkt, also: Die Figur Ui ist nicht Hitler.

Solche Vergleiche oder Gleichsetzungen werden sich bei der Arbeit schon automatisch und unausgesprochen herausstellen, aber wenn ich den Ui spielte, wollte ich nicht Hitler entlarven. Wäre das mein Zweck gewesen, dann hätte ich lieber einen argumentativ starken Vortrag über den Nationalsozialismus ausarbeiten sollen. Nein, wenn ich den Ui spiele oder den Franz Moor (und da sind wir wieder bei der Stückfabel), dann spiele ich eine Folge von Vorgängen und Reaktionen innerhalb einer erfundenen Handlung. Ich bin nicht in der Wirklichkeit, und: Ich stehe hinter jeder Entscheidung, die die Figur für sich selber trifft. Das kann lächerlich sein, das kann mörderisch sein, das kann feige sein und moralisch elend – aber wenn ich die notwendige Kritik an den Reaktionen der Figur gleich mitspiele, dann müsste man sich als Zuschauer fragen: Warum handelt die Figur denn weiter so, wie sie handelt, sie weiß doch offenbar längst, wie kritisierenswert sie ist? Nein, nein, das geht nicht. Zugleich geht es darum, die Dialektik im Kopf zu behalten und sie dem Publikum deutlich zu machen: Eine Situation mag eine Zwangslage sein, die Reaktion darauf ist es nie. Das Gute und das Böse, das Lügen und die Wahrheit, die Tat und die Tatenlosigkeit – alles ist stets nur eine Möglichkeit, nichts Zwanghaftes.

Was war, wenn Sie ein neues Stück probten, stets am schwierigsten?

Das Vergessen.

Das Vergessen?

Ja, das Vergessen der Erfahrungen, die bei der letzten Arbeit zum Erfolg führten. Einerseits sind die Erfahrungen der goldene Fundus, andererseits darf Erfahrung nicht zum Rezept werden, das man sich selber ausstellt. Die Droge Wiederholung ist eine sehr gefährliche Droge. In Proben bin ich immer hineingegangen mit dem Vorsatz, mir nichts klar, sondern mir zuerst einmal alles unklar zu machen. Brücken nicht hinter sich abbrechen, sondern vor sich. Die Rätsel durch Spielpraxis beruhigen: Nein, sie müssen nicht zu früh ihre Lösung gestehen.

Ist Kunst moralisch?

Ich beziehe die Frage jetzt mal nur auf meine eigene Arbeit an einer Rolle. Ich gehe nicht moralisch an eine Figur heran. Ich bin ihr Hüter. Im Leben ist es die Geschichte, die ein Urteil über den Menschen fällt. In der Dramatik ist es die Story, die zu einem Urteil über die Figuren führt. Aber der Schauspieler hat nicht das Recht, seine Gestalt darstellerisch bloßzustellen.

Ist der Schauspieler Schöpfer oder »bloß« Interpret?

Das Schauspiel ist eine nachschöpfende Kunst und wird als solche gern herablassend betrachtet. Der Maler Karl Schmidt-Rottluff sollte mal einen Kunstpreis bekommen, er hat sich mächtig darüber mokiert, dass auch Gustaf Gründgens diesen Preis erhalten sollte. Wir geben uns hin, aber wir bleiben Wiedergebende. Was wir schaffen, ist schon da. Wir übertragen es nur auf die straffen Bedingungen der Bühne.

Noch mal zum »Ui«. Stimmt es, dass Sie – gleichsam als Schwiegersohn des Dichters – ein Exemplar des Textes heimlich bei Brecht entwendet hatten, lang bevor es zur Inszenierung des Stückes am Berliner Ensemble kam?

Über Nacht, ja, damit es Wekwerth lesen konnte.

Der schreibt, Brecht habe den »Ui« unter Verschluss gehalten, denn die Deutschen »sollten erst über Hitler lachen dürfen, wenn sie genügend über sich selbst erschrocken sind«.

An Brecht sollte ich herantreten, um ihm zu sagen, dass wir trotz all seiner Bedenken den »Ui« machen wollten. Aber er bestand darauf, erst »Furcht und Elend des Dritten Reiches« zu inszenieren. Als wir nach Brechts Tod daran gingen, den Plan mit dem »Ui« zu verwirklichen, wurden die Einwände merkwürdigerweise nicht geringer: Es hieß, Wekwerth und ich hätten zu wenig Witz für das Stück, wir seien humorlose Leute.

Der »Ui« war also zu Brechts Zeiten nicht wirklich im Gespräch.

Er wollte unbedingt den »Coriolan« auf die Bühne bringen, am liebsten mit Ernst Busch in der Titelrolle. Dann starb Brecht, wir Jungen am BE wurden ins Wasser geworfen und hielten es irgendwann für erforderlich, uns mit der Nazizeit zu befassen – mit unserer Jugend, die nicht frei gewesen war von fataler Begeisterung für Hitler. Wir lasen also den »Ui« und waren fasziniert – von dieser elisabethanischen Sprache; überhöht, aber nicht kabarettistisch. Travestie, nicht Parodie. Brecht hatte den Ui nicht als großen Verbrecher gesehen, sondern als einen Verüber großer Verbrecher. Er wollte ihn nicht als Animalischen, nicht als Psychopathen, nein, Ui ist ein Kleinbürger mit einem ordentlichen Beruf: Gangster. Das klingt paradox, ist es aber nicht, denken Sie an die Mafia, die ist, für sich genommen, sehr moralisch und gesetzestreu. Ui kommt in Schwierigkeiten und hilft sich mit erpresserischen Methoden, fast wirkt er wie einer, der in Notwehr handelt. Notwehr treibt ihn zur Machtergreifung, schafft jene Hegemonie, die dann als Katastrophe kaum mehr aufzuhalten ist. Obwohl das Stück anders heißt, der Titel betont die Aufhaltsamkeit: So einer ist zu stoppen, wenn die Völker sich einig sind. Die Theater in Polen nannten das Stück übrigens unbeirrbar, über Jahre hin: »Der unaufhaltsame Aufstieg des Arturo Ui«.

In einigen Publikationen ist vom Streit die Rede – zwischen Ihnen und den Regisseuren.

Streit gab es zwischen Palitzsch und mir. Überhaupt war der Streitbarere, Streitlustigere immer Palitzsch, nicht Wekwerth. Palitzsch hatte das Stück schon einmal inszeniert, mit Wolfgang Kieling in der Hauptrolle, 1958 in Stuttgart, er wollte die Anspielung auf Hitler total negieren, er favorisierte das reine Gangsterspektakel, ohne jegliche historische Assoziation. Dagegen stemmte ich mich natürlich. Wie gesagt: Ui ist nicht Hitler, aber in Maske und Spiel sollte es schon kleine, dennoch deutliche Verweise auf den geschichtlichen Anlass geben. Der Streit kulminierte am Ende um den besagten kleinen schwarzen Hitler-Bart – Palitzsch schmähte ihn als unerträglich naturalistisch. Der berühmte Kurt Palm, der Werkstättendirektor des Berliner Ensembles, sah sich eine Probe an und lehnte einen derart plump nachahmenden Bart ebenfalls ab. Sein Vorschlag: ein Bart in den Ausmaßen einer Streichholzschachtel – der würde Hitler assoziieren, aber überhaupt nicht spiegelbildlich wirken. Dazu kam dann noch die Frisur mit dem schärfsten Scheitel, den es je gab. Das war Annäherung und Überhöhung zugleich. Das Problem war nur: wie einen solch großen Bart befestigen? Ich würde auf der Bühne spucken und sabbern und den Mund aufreißen – wie den Bart bei solchen Bewegungsorgien festhalten? Es wurde Watte auf die Haut geklebt, darauf eine dreifache Tüllbasis mit dem Bart. Es war mühselig, aber er hielt.

(Barbara Brecht-Schall von hinten: »Das mit dem Bart, das ist meine Erfindung. Darauf bestehe ich.«)

War Ihnen Charlie Chaplins Film »Der große Diktator« ein Vorbild, eine Arbeitshilfe, eine schauspielmethodische Quelle?

Den »Großen Diktator« sah ich das erste Mal nach der Premiere des »Ui«.

Spürten Sie – Angehöriger einer ganz anderen Generation Deutscher –, dass Brecht als ein äußerst Misstrauischer, als ein Verfolgter in dieses Deutschland zurückgekehrt war?

Na ja, er achtete auf einen gewissen Abstand. Nein, ich weiß nicht, ob er darauf speziell achtete – er lebte diesen Abstand einfach. Er probte mit uns Jungen sehr intensiv und war uns bei der Arbeit absolut zugewandt, aber außerhalb der Proben gab es keine Gespräche. Als ich ihm meine Probleme mit der Hörder-Figur in Johannes R. Bechers »Winterschlacht« schilderte (mir gelang kein weiter, großer Bogen, aber Brüche gelangen mir auch nicht), da sagte er mir eines Morgens, er habe mir zu diesem Thema, das mich so sehr beschäftige, einen Brief geschrieben. Ich dachte, er würde ihn mir nun überreichen, aber er meinte nach einer Pause, ich solle mir die neue Ausgabe der Zeitschrift »Neue Deutsche Literatur« kaufen, dort fände ich diesen Brief. Tief im Unterbewussten sah er in uns Jungen wohl immer noch ehemalige Pimpfe. Noch 1954 schrieb er in seinem »Arbeitsjournal«: »das land ist immer noch unheimlich. neulich, als ich mit jungen leuten aus der dramaturgie nach buckow fuhr, saß ich abends im pavillon, während sie in ihren zimmern arbeiteten oder sich unterhielten. vor zehn jahren, fiel mir plötzlich ein, hätten alle drei, was immer sie von mir gelesen hätten, mich, wäre ich unter sie gefallen, schnurstracks der gestapo übergeben ...« Das ist natürlich ungerecht gewesen. Also, ein mitunter seltsames Verhältnis zu uns Jungen war das schon. Einmal wollte ich in Buckow ein Kajak ins Wasser bringen, das Ding war aber so lang, dass ich es nicht hinkriegte. Brecht kam vorbei, guckte eine beträchtliche Weile zu und sagte, am Nachmittag käme Helene Weigels Chauffeur, dann könnten wir's zu zweit ganz schnell bewerkstelligen. Das brachte mich in ziemlichen Groll und auf den, wie ich noch heute finde, schönen Satz: »Brecht war hilfsbereit im Geiste.«

Sie haben mehrfach betont, eigentlich interessiere Sie Theater nur als Transportmittel für philosophische Probleme. Entsteht so nicht ein arg kaltes Theater?

Ist doch Blödsinn – ein kühler Gedanke, eine These, eine kalt und hell präsentierte Überzeugung, die können doch hitzigste Diskussionen auslösen. Nicht Geiz ist geil, sondern Geist. Kaltes Wasser erfrischt. Es war so um 1953 herum, da sagte Brecht zu mir, ich solle lesen, was Mao Ende der dreißiger Jahre über den Widerspruch geschrieben habe. Mir imponierte das, diese Anwendung Leninscher Dialektik auf chinesische Verhältnisse. Überhaupt bewegte mich, die Dinge mit Theorie zu tränken, gesellschaftliche Thesen auf die Kunstausübung zu übertragen. Ich war infiziert davon, Geistiges und Körperliches zusammenzudenken. Brechts Gedicht »Erste Hälfte«, in dem er die Mao-Lektüre erwähnt, wollte ich anlässlich irgendeines Staats- oder Parteiaktes rezitieren, das wurde mir aber verboten, denn es herrschte Eiszeit zwischen Moskau und Peking.

Sie ließen sich das gefallen? Sie lenkten ein?

Ja. Weil es ein Staatsakt war. An anderem Ort hätte ich mich entschieden gewehrt.

Wie war Brecht als Regisseur?

Es verblüffte, mit welch geringen Änderungen er einer Inszenierung eine völlig andere Kraft geben konnte. Er sagte mir nur: Spielen Sie's genauso, aber ohne Unterwürfigkeit. Oder: gut, der Text, jetzt mal ohne jede Betonung – scheinbare Beiläufigkeiten, aber sie veränderten enorm. Er vermittelte die Sicherheit, dass auf einer Textspur alle Nuancierung möglich ist. Das war seine Hauptwahrheit als Regisseur: Es gibt keine Konstante zwischen Text und Haltung. Brecht sah, dachte – und korrigierte. Ich erinnere mich an Proben schönster Selbstironie, er knurrte unwirsch in die Szene hinein, an der gerade gearbeitet wurde: »Egal, wer das geschrieben hat, das ändere ich!« Verschwand mit seinem Schwarm Mitarbeiter im Turmzimmer des Theaters und kam irgendwann mit neuer Szene zurück.

»Intelligenzmannschaft« haben Sie diesen Schwarm mal genannt.

Na ja, so ein Ausdruck zwischen Respekt und Spott. Wenn ein Großer, Wichtiger zu Werke geht, sind fast alle um ihn herum immer eine winzige Spur zu eilfertig.

Waren Sie das auch?

Schauspieler müssen das Ureigene – um ihrer immer sichtbaren Existenz willen – deutlicher behaupten als Dramaturgen und Regieassistenten.

War Brecht als Regisseur eher laut oder leise?

Er war leise, manchmal so, als sei er selber unsicher. Aber dass einer leise ist, das ist etwas anderes, als wenn jemand nuschlig und undefinierbar gedämpft und gedimmt ist.

Wer war so?

Heiner Müller. Brecht ermunterte die Leute, sich einzumischen.

Jeden?

Nee, nur denjenigen, der sich vorm Einmischen erst mal mit sich selber über das Niveau verständigt hatte, auf dem die Einmischung zu erfolgen habe. Ich weiß, das klingt etwas verschraubt. Ich meine damit das, was ich auch über die vielgelobte Demokratie denke oder über die Meinungsfreiheit: Beides bedeutet nicht nur, dass jeder das Recht auf Öffentlichkeit hat. Es bedeutet vor allem, dass auch jeder Idiot ein Recht auf Öffentlichkeit hat. Das ist doch ein Problem, oder? Das ist doch nicht zu leugnen.

Ihr Schauspielerkollege Eberhard Esche vom Deutschen Theater hat gesagt, die DDR-Medien seien entsetzlich dröge gewesen, aber immerhin wurde er durch diese Tatsache daran gehindert, in Zeitungsinterviews ungebremst jeden Blödsinn von sich zu geben.

Brecht war für Meinungsoffenheit, aber gegen die Dummheit. Das brachte zum Glück immer mal wieder einige Leute zum Schweigen. Die Dummheit kann Großes zum geistigen Klima einer Gesellschaft beitragen – indem sie schweigt. Das darf nicht unterschätzt werden. Brecht brachte Dumme zum Schweigen.

Sie haben soeben Heiner Müller als Regisseur skizziert.

Ich habe eine Zeitlang gehofft, er könne ein bisschen so ein Regisseur wie Brecht sein. Aber im Grunde hatte er am Inszenieren keinen Spaß, keine Sinnesfreude. Brecht war da wirklich anders. Er war ein Frauenregisseur, er hatte einen zielbewussten Charme. Und erstaunlich, er liebte den Eklektizismus. Ein einheitliches, ein also durchgehend nach einem bestimmten Prinzip organisiertes Spiel – das musste bei ihm überhaupt nicht sein. Er bestand auf keine stilistische Erkennbarkeit, die unbedingt von ihm auszugehen hatte. Ich bin ja das beste Beispiel: Er akzeptierte mein eigentliches Talent, überall fremd zu bleiben. Ich habe es ausgebaut und mein Verhängnis besiegelt (*lacht*).

Ein Wort zu Ruth Berghaus?

Ihr herbes Wesen gefiel mir. Aber es schloss leider, für meine Begriffe, eine kaum einfühlsame Schauspieler-Regie ein. Alle ihre Figurenkonstellationen wurden Choreografie. Sie war eine Bildnerin.

Manfred Wekwerth.

Manfred ist ein großer Regisseur. Er hat deutsche Theatergeschichte geschrieben, er hat meine Theatergeschichte geschrieben (*lacht*). Seine große Fähigkeit bestand darin, jedes Arrangement immer wieder neu zu überprüfen und es in eine überzeugende Klarheit zu zwingen. Er choreografierte Gedanken. Das schuf mir Freiräume für die eigene schauspielerische Sache. Sein erster Regie-Partner Palitzsch war von beiden der Ästhet – aber auch ein Sturkopf, manchmal sogar ein Dogmatiker. Wekwerth war listiger, er hat sich durchgesetzt, indem er Probleme delegierte. Er war tief in seinem Wesen vielleicht nicht wirklich ein Mensch der Gemeinsamkeit. Er agierte allein bis eigenmächtig. Ich glaube, er wurde Intendant und später Akademiepräsident, um seine Einsamkeit zu feiern. Er suchte die Machtfunktion, um in Ruhe seine eigene Arbeit machen zu können. Das Ergebnis der Arbeit war oftmals großartig, aber im Schlepptau solcher Eigenschaft tummeln sich logischerweise Intrige, Hinterlist und andere seltsame Formen der Manövrierfähigkeit. Manfred hat zu viele Karrieren auf einmal gewollt. Seine große Leistung bei der Regie bestand in erzählenden Arrangements. Die Szenen wurden im direkten Sinne einsichtig. Und du kamst als Hauptdarsteller weit besser ins Zentrum zurück, wenn du abgabst an andere. Beim »Coriolan«, bei der »Optimistischen Tragödie« – da hatte jede Gestalt der Menge ihren Moment einer eigenen, beinahe zentralen Präsenz.

(*Barbara Brecht-Schall:* »*Na, siehst du, genau das habe ich beim ›Othello‹ mit Olivier nicht erlebt!*«)

Ich habe nicht über die Inszenierung gesprochen, sondern über die Besessenheit, mit der ein Schauspieler Verwandlung betrieb.

Darf ich Ihnen etwas vorlesen? In seinen Erinnerungen schreibt Wekwerth über die Zeit in den Siebzigern, als nach Ruth Berghaus ein neuer Intendant gesucht wurde. Kurt Hager fragte, ob Wekwerth bereit sei, unter einem Intendanten Ekkehard Schall als Oberspielleiter wieder an das Berliner Ensemble zu kommen. Wekwerth: »Mir rutschte ein Satz heraus, der mein Leben für die nächsten fünfzehn Jahre bestimmen sollte: ›Ich arbeite an keinem Theater, wo ich den Intendanten überzeugen muss, dass ich recht habe. Da müsste ich schon selbst so verrückt sein, Intendant zu werden.‹«

Er wurde es.

Mögen Sie Frank Castorf?

Castorfs inszenatorischen Beginn in Berlin fand ich stark, nicht erst an der Volksbühne, sondern schon, als er 1988 am Deutschen Theater Bulgakows »Paris, Paris« inszenierte. Ein großer An- und Einreißer. Später fand ich ihn einfach nur flegelhaft, ihn und Christoph Schlingensief. Flegelhaftigkeit als ästhetisches Angebot finde ich – flegelhaft.

Flegelhaftigkeit ist Protest.

Das Zerstörerische ist so oft das Naheliegende – es wäre daher heutzutage kühner, den aufrichtenden Gedanken als Alternative in den Ring zu werfen.

Sie wollen den hartnäckig kühnen Gedanken?

Der deshalb kühn ist, weil er am Aufbau festhält, daran, dass ein helleres Gestirn aufzuziehen sei über all den finsteren Erfahrungen und dunklen Befürchtungen. Widerspiegelungen trister Realitäten finde ich langweilig. Mich interessiert an der Welt die Möglichkeit des Widerstandes durch Vernunft, nicht der Weg des geringsten Widerstandes durch Anpassung der Vernunft ans Gängige. Es ist doch bezeichnend, dass zum Beispiel die Geschichte der »Faust«-Inszenierungen in den vergangenen Jahren eine Geschichte kontinuierlicher Verkleinerung der Titelgestalt ist. Faust wurde immer mickriger, immer angreifbarer, ja immer kleinbürgerlicher.

Unvergesslich Fred Dürens Faust in der Inszenierung von Adolf Dresen und Wolfgang Heinz am Deutschen Theater: ein geschnürter, eingezwängter Grübler in einer funktionärseifrig attackierten Aufführung – die sich einem faustdick gewünschten sozialistischen Realismus verweigerte. Wahrheit sucht dieser Gelehrte auf einzig geistvolle Weise: Sobald er glaubt, Herr einer Gewissheit zu sein, interessiert ihn nicht das Argument, das sie bestätigt, sondern jenes, das sie widerlegt.

So viele Goethe-Inszenierungen, und zunehmend eine einzige Botschaft: Mit dem 20. Jahrhundert ging etwas zu Ende. Faust ist nicht länger Heros einer gut beleumdeten Vernunft. Aufklärung? Ließ den Geschichtslauf nicht klarer werden. Wissen? Machte die Welt nicht weiser. Neugier? Zeugte Reichtümer, daran sich die uralte Gier mästet. Das ist mir zu kapitulantenhaft.

Goethe einen Klassiker zu nennen – vielleicht fordert es vor allem, sein bitteres Urteil über uns Gegenwärtige zu ertragen.

Kann ja alles sein. Ich sehe in »Faust« trotzdem einen großen Entwurf, keinen Niederwurf einer Großgestalt ins Gewöhnliche. Und ich weiß von Wolfgang Heinz, dem Co-Regisseur Adolf Dresens am Deutschen Theater, dass er damals nicht hundertprozentig hinter dem Konzept stand, »Faust« einzig nur zum radikalen Abrissunternehmen zu machen.

Stichwort Werktreue.

Werktreue? Um nicht missverstanden zu werden: Die Literatur muss vom Theater aufgesogen oder aufgesprengt werden. Wo ein Vorhang fällt und die Wirkung der Literatur blieb in der Aufführung weiter so bestehen, als wäre sie lediglich ein Lesetext, dort fand Theater nicht wirklich statt. Literatur regt das Theater an und stirbt in ihm. Stirbt für eine Auferstehung, die das Werk der Bühne ist. Aber der Geist des Dichters darf nicht sterben.

Gibt Ihr Gedanke auch die Art vor, wie man Brecht behandeln sollte?

Erstens sind Brecht-Stücke in ihrer Mehrheit das Resultat solcher Radikalität. Zweitens waren Brechts Inszenierungen von Brecht-Stücken Musterbeispiele einer konsequent suchenden Neusicht aufs Eigene. Es geht nicht ums »Zerstückeln«, das wäre eine Anleihe beim Häckselhandwerk – es geht um die Kunst des Filetierens, welche die Nervenstränge eines Stoffes freilegt. In einem Streitgespräch mit Claus Peymann habe ich gesagt: Wenn aus Brechts »Puntila«, wie es Einar Schleef beliebte, ein bunter Abend wird mit einer Rhythmusgruppe aus Herren, die ihre Schwänze zeigen und zwischendurch Volksmusik singen, dann hat das keinen Bezug mehr zum Stück.

Herr Schall, jeder Mensch hat eine natürliche Scham. Der Schauspieler beschädigt diesen Teil des seelischen Immunsystems, indem er auf die Bühne tritt. Er vergewaltigt sein Schamgefühl – es ist doch so, als springe man nachts um zwölf in einer vollen Kneipe auf einen Tisch und riefe: Hört alle mal her! Diese Stille plötzlich, diese Blicke – entsetzliche Vorstellung!

Was Sie beschreiben, kennzeichnet einen gefährlichen Schwellenpunkt des Berufs. Es gibt diesen Sekundenbruchteil vorm ersten Schritt auf die Bühne, da man von schrecklicher Wahrheit angeweht werden kann: dem Bewusstsein für diese Blöße vor Hunderten Blicken. Aber so plötzlich, wie der Schreck kommt, geht er wieder: Das Spiel beginnt.

Und wenn der Schreck irgendwann mal, auf offener Szene, wiederkehrt?

Müssen Hirn und Nervensystem eine Hochleistung der sofortigen Verdrängung vollbringen. Und natürlich muss beim Schauspieler letztlich das andere Gen gut ausgebildet sein und siegen: jenes Gen, das selbstbewusst an die Rampe drängt und das dafür sorgt, die eigene Körperlichkeit auch als etwas Kostbares zu empfinden, das Öffentlichkeit nicht nur aushält, sondern Öffentlichkeit bildet. Über dieses Problem habe ich übrigens sehr oft nachgedacht, und wenn ich im Ausland Seminare gehalten habe, war es immer ein Thema.

Lesen Sie bitte vor.

»Vor allen Überlegungen über eine Rolle und allen Einfällen dazu liegt schwer wie ein Bleigürtel eine Grundangst, die gleichzeitig eine Grundhoffnung ist, die es absolut infrage stellt, aufzutreten und vor Menschen einen intimen oder einen öffentlichen Vorgang – den man selber nie so erlebte – auszubreiten, exakt und unbeholfen, detailgenau und chaotisch. Diese Angst speist, wenn er draußen steht, allen Ausdruck des Schauspielers – der sich zutiefst lächerlich machen kann (auch vor sich selbst), wenn er seine Unglaubwürdigkeit (von der er weiß) nicht vergessen machen kann im Spiel, mit Chuzpe und schamlos. Der Schauspieler Wolf von Beneckendorff sagte mir mal früh um sieben in der Garderobe in Babelsberg, wir saßen uns gegenüber und wurden geschminkt: Um diese Zeit merkt man deutlich, dass das kein Beruf für Erwachsene ist. Recht hatte er. Aber was vor dem Schritt auf die Bühne liegt, muss jeder mit sich selbst ausmachen.«

Bevor Proben zu einem Stück beginnen, haben Sie da nach Möglichkeit Ihren Text gelernt?

Ja. Ich weiß, Jüngere tun das nicht mehr so prinzipiell, das ist der verständliche Pragmatismus bei Stückfassungen, die wirklich erst bei den Proben entstehen und möglicherweise in nicht absehbarem Maße von der Willkür des Regisseurs abhängen. Ich meine dieses sogenannte Work in Progress, das aus dem Inszenieren nicht selten eine Textmaterialschlacht macht. Wer sich da zu früh etwas einprägt, der arbeitet zu Teilen vergeblich. Meine Arbeitsweise ist das nicht.

Zitat Schall: »Gelernter Text ist die Wiege der Unbekümmertheit.«

Unbekümmertheit setzt voraus, dass Zutrauen herrscht. Klingt freilich paradox: Vertrauen – herrscht. Das geht eigentlich so wenig, wie ja auch Frieden nicht wirklich herrschen kann.

Und wie lernen Sie Text?

Mein Kollege Wilhelm Koch-Hooge zum Beispiel, der fuhr Endlosschleifen S-Bahn, um seinen Text zu lernen. Das war mir immer unbegreiflich. Ich brauche die Klausur, die totale Klausur. Und am schönsten sind die ganz frühen Morgen. Allerdings kommen mir da selbst die Vögel, deren Gesang ich mag, wie hinterlistig falsche Souffleure vor. Die singen nur, um mich auf andere Texte zu bringen.

Man lernt Text doch gewiss nicht haltungsfrei. Ist das nicht eine Gefahr? Man trifft womöglich zu früh Festlegungen für seine Figur.

Ja, die Gefahr besteht. Aber andererseits ist gelernter Text ein kräftiges Angebot, das während der Proben hoffentlich auf andere kräftige Angebote trifft.

Vielleicht aber wird man bockig genau dort, wo man, ohne gelernten Text, nicht bockig würde.

Bockig kann man auch sein, wenn man keinen Text gelernt hat. Egal, wie man sich auf eine Probe vorbereitet – die wichtigste Vorbereitung besteht in der Bereitschaft, nicht bockig zu sein.

Das gilt für alle Situationen des Lebens.

Fast alle ... Ich habe es immer gehasst, wenn ich von Schauspielern hörte: Ich gehe wie ein leeres Blatt auf die Probe. Kein Mensch ist in keiner Lage ein leeres Blatt. Man ist jederzeit vollgepfropft von Wissen und Gedanken. Du weißt doch um dein Schicksal: Du sollst der Welt entsprechen, wie sie ist. Das ist der allgemeine Erziehungsnotstand. Dafür füllt dich die Welt ab, dafür pumpt sie dir das Bewusstsein voll. Das, was dir gehört, dein Eigenes, das musst du immer mühsam freischaufeln, immer. Und dazu gehört beim Schauspieler auf Proben, trotz der Fülle im Schädel: bei Null anzufangen. Wissen haben, aber nicht unbeweglich wissend sein. Alles bedenken müssen, ja, aber auch alles vergessen können. Die halbe Hirnhälfte Zivilisation: Ordnung, Kontrolle, Funktionstüchtigkeit – die andere Hirnhälfte Wildnis: Instinkt, Wittern, sich festkrallen, loslassen. Schauspielerei ist: Kreatur gegen Kultur. Rekonstruktion plus Konstruktion. Kurzum: Um einen Weg zu gehen, muss man etwas wissen – auf den Proben aber darf man sich mit dem, was man weiß, nicht im Wege stehen.

Zitat Ekkehard Schall: »Anstrengung muss investiert werden, aber eine weitere Anstrengung ist nötig, um alle Anstrengung unmerklich werden zu lassen.«

Wie gesagt: Das war für mich manchmal ein Problem.

Ein Problem, an dem sich alle, die Sie nicht mochten, mit Behagen hochzogen.

Genau. Gelöstheit fiel mir als junger Schauspieler sehr schwer. Ich wuchtete. Ich dramatisierte. Ich schmetterte. Ich verschwendete mich im Übermaß. Ich war Held, immer im Innersten aufgewühlt bis zum Anschlag. Als ich den erwähnten Hörder 1955 in Bechers »Winterschlacht« spielte, hatte ich einen langen Monolog, in dem sich der Nazisoldat zu entscheiden hat: Menschen standrechtlich zu erschießen oder selber auch ermordet zu werden – da verlor ich total die Kontrolle über mich, ich wusste nicht mehr, wie ich was spielen sollte. Brecht ließ mich den Text in hoher Tonlage, dann rasend schnell, dann japsend sprechen, ich sollte nicht nach Sinn suchen, sondern nur Ausdrucksformen bieten. Ich sollte mich zur Erkenntnis durchringen: Schauspiel ist die blanke Äußerlichkeit. Das war das Sprungbrett in den Sinn. Meine größte Krise auf der Bühne. Meine Befreiung.

Sie spielten den Hörder als einen Menschen, der zum sterbende Antifaschisten wird, weil es ihm seine Anständigkeit befiehlt. Er ist kein Held a priori und aus Gesinnung. Er hat Angst. Er ist erbärmlich in dieser Angst, aber er kann nicht anders.

Ja, so wollte das Brecht. Aber der Volksbildungsminister Paul Wandel ließ vermelden, ich sei mit dieser wimmernden Art eine Beleidigung für den antifaschistischen Kampf gegen Hitler. So was gehöre nicht auf eine Bühne im Arbeiter-und-

Bauern-Staat. Natürlich blieb ich bei der nächsten Vorstellung im Konzept, das mit Brecht zusammen erarbeitet worden war. Der das Stück Bechers übrigens wegen dessen hölzerner Poesie sowieso nicht mochte. Aber die Einflüsterung der politischen Obrigkeit hatte trotzdem irgendwie mein Unterbewusstsein besetzt. Ich spielte den Hörder bei der zweiten Vorstellung offenbar anders, jedenfalls in Nuancen, das muss mir instinktiv passiert sein, Brecht sah es und wurde furchtbar wütend. Ich erzählte ihm von den Einwänden aus der politischen Führung. Er wurde noch zorniger und sprach von Spießbürgern im Publikum, denen wir uns auf keinen Fall beugen dürften.

Wie lange dauerte diese Krise im Zusammenhang mit der »Winterschlacht«?

Monate. Zumal die Abendregie jeder Vorstellung akribisch festhielt, wo ich wieder mal wie ein Maschinengewehr gesprochen, gebelfert und völlig unverständlich gewesen war. Die weideten sich an mir. Barbara meinte übrigens, das mit den Monaten sei nicht wahr, ich hätte sogar jahrelang mit dem Problem zu kämpfen gehabt, also mit dieser Zwangssituation, mir das, was ich als Schauspieler so sehr mochte, selber auszutreiben. Als solle sich ein Wildwuchs selber kultivieren. Freiwillige Selbstkappung der Triebe. Aber ich machte diszipliniert und zähneknirschend, was Brecht wollte. Ich nahm fast alles, was in mir nach außen drängte, weg – und empfand mich sehr, sehr lange als leer. Bis ich wie unter Wehen begriff: Nicht nur das Explodieren ist eine Emanzipation, das Einstecken der Zündhölzer, die das unkontrollierte Feuer entfachen, kann auch eine sein. Sprechen Sie trocken, sagte Brecht zu mir. Ich sprach trocken und schüttelte gleichzeitig den Kopf darüber. Meine Schule war der Widerwille. Ich war der folgsame Schüler einer Lehre, die mich auseinandernahm.

Herr Schall, stets war das Berliner Ensemble ein Tummelplatz der Richtungskämpfe, und unabweisbar mussten Sie als Mitglied der Familie

Brecht zwischen die Stühle, zwischen Fronten geraten. Wer Bestleistungen bringt, ist sowieso immer ein Mächtiger, ob gewollt oder ungewollt, und er ist der Angegriffenste.

Es hat Zeiten gegeben, in denen ich sehr isoliert war im Ensemble. Und leider endeten wir am BE in einer gewissen Inzucht.

Anwürfe, Abwertungen, bewusste Missdeutungen eines künstlerischen Lebens – wie gehen Sie damit um?

Selbstbewusst.

Manche – verzeihen Sie – sprachen von Arroganz.

Arroganz bedeutete früher, im Katechismus der römisch-katholischen Kirche, einfach nur: Stolz. Und weil wir gerade bei Arroganz sind: Ich stand in der Reihe der Beschimpften doch in bester Gesellschaft – Brecht etwa. Seine »Winterschlacht« am BE wurde kritisiert, aber die nachfolgende Inszenierung in Leipzig, mit Manfred Zetzsche, einem der ganz großen Schauspieler des DDR-Theaters, als Hörder – sie wurde gelobt. Es half Brecht in der DDR nie wirklich, Brecht zu sein. Das theaterweltbewegende Paris-Gastspiel mit der »Courage«? Die DDR-Oberen blieben kalt und misstrauisch. Er wurde, wenn auch listiger und hinterlistiger, weiter demontiert.

Standen, stehen Sie in der Gefahr, Brecht zu verklären?

Was heißt verklären? Ich benenne nach wie vor und weiterhin bis ans Ende meiner Tage das, was gut war.

Und gut war?

Wir versuchten einen Anfang, der doch aber getragen wurde von solchen Leuten wie Brecht und Weigel und Eisler und anderen. Wer hat in seinem Leben das Glück, das Wort »Anfang« auszusprechen und solche Namen zu nennen! Es waren Leute, die so vieles Großes gleichzeitig waren.

(Barbara Brecht-Schall ruft herüber: »Vor allem waren sie eines – unanfechtbare Antifaschisten!«)

Ja, das waren sie. Und was immer wir von diesen großartigen, mutigen, listigen, frechen, misstrauischen, sensiblen, verhärteten Menschen lernten: So wie sie werden wir nie! Nie so großartig – ein Unglück, aber auch nie so seelenverletzt vorsichtig und verwundet – ein Glück. Wenn Ernst Busch sich in einem Julius-Fučik-Stück rotzig beim Verhör benahm, so stockte uns der Atem, weil wir daran dachten, wie sehr das beglaubigt war – der hatte das erlebt und durchgestanden, der gehörte doch zu den Menschen, die fast auf dem Haufen mit den Leichen gelegen und nur durch Zufall oder Fügung überlebt hatten. Ich glaube, wir als Schüler besaßen eine Haltung, die alle Kritik, alle eigenen Gedanken, allen eigenen Aufruhr beherrschte und ins rechte Maß zurückdrängte: Wir waren einfach dankbar. Uns verband etwas mit dieser älteren geprüften Generation, von dem ich zutiefst glaube, dass es nicht übertragbar, ja nicht einmal mehr vermittelbar ist. Das macht einerseits so unverletzlich, andererseits sehr traurig.

Brecht als Glück – und auch als Last?

Niemand bestreitet die Schwierigkeiten, die mit absichtsvoller Loyalität verbunden sind. Und niemand bestreitet, dass alles und jeder seine Zeit hat. Wer Maßstäbe setzen will, braucht Kraft; und wer sie halten will, verbraucht diese Kraft – das aber doch bitte an einem Gegenstand, der den Verschleiß lohnt. Ich darf doch wohl sagen: Ich habe mein Leben an einem Welttheater verbracht. Das Gelungene dieses Lebens schließt unerfüllt gebliebene Träume nicht aus.

Ist der Sozialismus ein unerfüllter Traum?

Mir war ein auf den Hund gekommener Sozialismus-Versuch lieber als ein schlechter Kapitalismus.

Was ist ein schlechter Kapitalismus?

Erwischt! Eine Tautologie.

Keine Brecht-Verklärung also. Aber Sie sagen auch: Das Schlimmste sei gewesen, als Schauspieler schon so jung einen Großen wie Brecht kennengelernt zu haben.

Immer hast du den erlebten Weltrekord im Kopf. Vom Moment dieser größten Freiheit an bist du auch gefesselt. Du bist jung, es ist alles toll, aber du bist plötzlich auch, so früh, mit deinem eigenen Vermächtnis beschäftigt – und hast doch aber noch ein ganzes Leben vor dir. Das ist natürlich ein Elend. An vielen Wunschrollen alterte ich vorbei.

Kein Macbeth, kein Lear.

Shakespeare hat grandiose Amokläufer geschrieben. Gern hätte ich »Timon von Athen« gespielt.

Noch zu BE-Zeiten der DDR?

Ja, zum Ende hin.

Ein Stück über die Macht des Geldes.

Wekwerth lehnte das Projekt ab. Sein Argument war bestechend weltfremd, aber sozialismustypisch: Wer interessiert sich heutzutage für Geld?

Einmal spielten Sie aber sogar im Westfernsehen, in den sechziger Jahren, Sie waren der Holofernes in Hebbels »Judith«.

Aber besonders gut war das nicht. Ich war nicht gut, die Aufführung auch nicht. Ich hatte die Rolle nur übernommen, weil die schöne Esther Ofarim die Hauptrolle spielte.

Gab es in späterer Zeit Kontakt zu Regisseuren außerhalb des Berliner Ensembles?

Zadek hat jahrelang, sporadisch, Gespräche mit mir geführt. Wir wollten immer mal was gemeinsam machen, zum Beispiel »Tamerlan« von Marlowe. Ich wollte im Westen mit ihm arbeiten, er wollte es lieber am BE. Schon ziemlich fest vereinbart war 1991 eine »Faust«-Inszenierung mit Ulrich Wildgruber als Faust, mit mir als Mephisto und Eva Mattes als Gretchen, am Berliner Ensemble. Wekwerth war einverstanden. Dann wurde Wekwerth als Intendant entlassen, das Gehechel um die Berliner Theater ging los und unser Plan unter. Natürlich auch, weil Zadek zur neuen Chefclique des Berliner Ensembles gehörte.

Sie sagen bewusst: Chefclique – das klingt nicht liebevoll.

Stimmt. Und zudem machte ich von Anfang an keinen Hehl daraus, dass dieser Theatername nunmehr geschändet werde.

DRITTES GESPRÄCH

*Im besten Sinne: Der Beruf
sollte mich das Leben kosten.
Sterben würde ich im Mittelmaß*

HANS-DIETER SCHÜTT: Welches Buch liegt da auf Ihrem Arbeitstisch?

EKKEHARD SCHALL: Aristoteles. Ein Buch aus Brechts Besitz. Mit Notizblättern. Durchsichtiges Fettpapier, Brechts Handschrift, wie immer alles kleingeschrieben. Sehr gute, sehr schöne Bemerkungen zu Aristoteles. Ich werde das jetzt alles in die Akademie geben, für eine Ausstellung.

Ich sehe Sie beim Schreiben, Ordnen, Redigieren ...

Ich bin ein sehr penibler Herr. Arbeite gerade das Jerusalem-Seminar von 1989 auf, bringe es in eine schriftliche Fassung, die man dann als Lektion durchgehen könnte, als Lehrmaterial. Vielleicht wird ein Buch daraus. Da stehen dann solche Sachen drin (*blättert im Manuskript*): »Ich ging zur Schule, ins Dom- und Klostergymnasium in der Augustastraße, von dem ich mich aber noch vor dem Abitur verabschiedete, weil meine zahlreichen inzwischen gelernten Rollen keine Zensuren einbrachten, aber die in den Schulfächern (nicht allen) verschlechterten. Ich habe es später bedauert, die Schulzeit nicht zu Ende gebracht zu haben, ich habe es nicht bedauert, meinen Berufsweg so früh eingeschlagen zu haben. Damals in Magdeburg war ich ein Traumtänzer, noch potenziert durch Pubertät, ein Verschlinger, ein Wiederkäuer von literarischen Texten, die ich wie rohes Fleisch in mich aufnahm, um sie durch mich, das Ventil der Welt, als das ich mich fühlte, wieder von mir zu geben, vor wem auch immer, meistens schrie ich die Texte allein an die Decke.« Lauter Bemerkungen über Biografie und Kunst und Allgemeines. Da könn'se wühlen und reinschauen, auch in meine Gedichte.

Eberhard Esche hat gesagt, ein zweites Mal würde er sich wahrscheinlich nicht wieder für den Beruf des Schauspielers entscheiden. Er sei selbstbewusst genug für das Geständnis: für diesen Beruf zu sehr mit Denken und Grübeln beschäftigt zu sein.

Das ist Koketterie! Ich beschäftige mich gern mit Problemen, die zu denken geben. Aber deshalb habe ich als Schauspieler keinesfalls einen Akademikerneid.

Brecht und Aristoteles, da wurde jahrelang das Klischee der Gegnerschaft strapaziert.

Aber das stimmt eben nicht. Brecht hat sich sehr mit Aristoteles beschäftigt. Es gibt viele Übereinstimmungen. Beide setzen zum Beispiel unmissverständlich auf die Fabel, Aristoteles nennt sie die Seele der Tragödie. Die Fabel ist die Summe und der Ablauf der im Stück enthaltenen Vorgänge. Auch halten beide Dichter und Theoretiker die Emotion für wichtig. Aristoteles ist also für die Dramatiker der Gegenwart keinesfalls ein verlorener Gesetzgeber. Nur die Katharsis, die sah Brecht anders. Aber auch wenn er mit dem alten Griechen polemisierte, tat er es vorsichtig. Wo Aristoteles das Mitleiden und das Mitempfinden beschwor, wo er also meinte, es komme bei der Theateraufführung für den Zuschauer darauf an, so sehr zu leiden, dass man hinterher quasi gereinigt sei – da warf Brecht Zweifel ein, da meinte er, das könne nicht genügen. Da spannte er den Bogen ins schöne kämpferische Übermaß, so, wie es seine Johanna der Schlachthöfe fordert: »Sorgt diese Welt verlassend nicht nur daß ihr gut wart / Verlaßt eine gute Welt.«

Als absehbare Perspektive weit gefehlt.

Nein, weit gedacht. Ist doch großartig, wenn ein Dichter den Menschen nach dessen eigentlichen guten Möglichkeiten und Bedürfnissen ... überschätzt.

Darf zur Bewertung der Geschehnisse in einem Stück die Realität hinzugezogen werden?

Nein. Denn sonst würde zum Kriterium für die Kunst, ob sie wahr ist. Das Kriterium ist aber nicht die Wahrheit, sondern die Wahrhaftigkeit. Jedes Kunstwerk ist ein in sich geschlossenes Universum. Es ist ein völlig autonomer, vitaler Lebenskreis.

Es gibt keine Verabredung außerhalb der Fabel?

Die große Schwäche des sozialistischen Realismus war der fortwährende Außendruck: Wir stellen einen Film über Thälmann her, der ist vorgegeben groß – und also wurde für diese von außen hineinbehauptete Größe alles hingebogen. Bis sich die Balken bogen. Die Fabel wurde andauernd vergewaltigt. Aber was auf der Bühne geschieht, ist eine Behauptung, und nur innerhalb dieser Behauptung gibt es das Gesetz, die Regel, die Logik, die Notwendigkeit.

Ständig beschreibt, erforscht Brecht die Stückfabel.

Er war einer der letzten Hüter der Fabel. Heiner Müller dagegen schätzte die Fabel kaum mehr, jedenfalls in seinen späteren Stücken nicht. Diese Stücke waren ja eine Art Potpourri, sie waren, etwas vergröbert gesagt, Sketche, eine Reihung von Nummern. Bei Aristoteles heißt es, als kenne er Müller: »Von den mangelhaften Fabeln, das heißt Handlungen sind die episodischen die schlechtesten.« Damit meinte er Texte, deren Teile ohne Notwendigkeit aufeinanderfolgen.

Rückblick, Sie haben eben bereits Sätze über Ihre Jugend zitiert. Ihre Heimatstadt Magdeburg. Wie würden Sie Ihre Eltern beschreiben?

Meine Eltern bereiteten meinem Bruder und mir ein schönes Zuhause. Dass sie uns keine großen geistigen Impulse gaben, lag an ihrer schlichten Lebensart. Das ist ihnen nicht vorzuwerfen. Große Freundlichkeit herrschte in der Familie, das ist ja ein nicht zu unterschätzender Wert. Ich konnte jederzeit um Hilfe bitten und damit rechnen, dass mir geholfen wurde. Die guten Gespräche aber, das wusste ich früh, würden woanders stattfinden.

Erzählen Sie bitte von Ihrem Bruder?

Mein Bruder war fünf Jahre älter als ich, ein Mensch ganz anderer Art. Ruhig, in sich gekehrt, groß, brünett. Er war ein Bastler – ich weiß noch, eine brasilianische Briefmarke diente ihm als Vorlage für den Bau einer alten Lokomotive. Er lebte mit Holz, Papier und Leim. Er drechselte und hobelte. Er schnitt aus und klebte zusammen. Wir schliefen in einem gemeinsamen Zimmer, und immer abends bat ich ihn, mir eine

Geschichte zu erzählen. So schlief ich besser ein. Es war schön. Zum letzten Mal sah ich ihn 1944, er kam zu meiner Konfirmation. Es war nach einem Aufenthalt im Lazarett, er war eingezogen und alsbald verwundet worden. Er gefiel mir mit seinem Dreitagebart, er sah so männlich aus. Kurz danach kam er wieder an die Front. Er war vorgezogener Posten, bei Leningrad. Bei einem Angriff der Roten Armee zog sich seine Einheit zurück, die vorgeschobenen Beobachter ließ man zurück. Wir haben ihn nie wiedergesehen. Ein Heimkehrer erzählte uns später, er sei in Gefangenschaft geraten, nach Murmansk verschleppt worden und dort an Typhus gestorben.

Es hat also bei Ihnen, von Hause aus, keine künstlerische Voraussetzungen gegeben, keine kulturellen Prägungen?

Nein. Nicht mal in Bezug auf Theaterbesuche. Wie jedes Kind sah ich im Stadttheater »Peterchens Mondfahrt«, das war's dann auch schon mit der Kunst, ach ja, einmal wurde ich in die Oper mitgenommen, Lortzings »Waffenschmied«. In der Schule trieben wir's dann ein bisschen theatralisch, im Gymnasium, wir spielten Rüpelszenen, ich gab den Pyramus oder auch mal Bäuerinnen, in den Kleidern meiner Cousine. Ende 1945, Anfang 1946 kam ich dann zufällig noch mal ins Magdeburger Stadttheater, nein, in die sogenannte Harmonie, das Stadttheater selbst war abgebrannt. Ich sah Hebbels »Gyges und sein Ring«. Hinter einer Säule, es war eine dorische Säule, ich sehe sie vor mir, trat Kandaules hervor, das war der Schauspieler Rolando Merck, und er sagte seinen ersten Satz: »Heut sollst du sehn, was Lydien vermag.« Das war ein Auftritt! Der Mann war präsent, imposant, überwältigend. Das fuhr mir in die Glieder. Mein Brustkorb hob sich. Ich war hingerissen und wusste: Das will ich auch: so hinter den Säulen des Lebens und der Bühnen hervortreten und Dichtersätze sagen, die in Bann schlagen. Das war die Initialzündung. Der Gyges, der vom Alter her weit mehr meine Rolle gewesen wäre, interessierte mich überhaupt nicht. Ich starrte diesen älteren Schauspieler an, ich verließ das Theater und kam mir vor wie in einem Vers von

Eichendorff: »Und meine Seele spannte/Weit ihre Flügel aus/ Flog durch die stillen Lande,/Als flöge sie nach Haus.« Wie benommen ging ich heim, besorgte mir Reclamhefte, büffelte Hebbel und andere Dramatiker, und drei Tage später klingelte ich, ein kleiner Kerl mit kurzen Hosen, bei Merck, ich war aufgeregt und zugleich berauscht von meinem Größenwahn – ich klingelte und sagte, ich wolle bei ihm vorsprechen. Später gestand er mir, wie sehr ich ihn überrascht hätte, und zwar durch die verblüffend genaue Art, wie ich ihn kopierte. Er gab mir Unterricht, und als den Städtischen Bühnen eine Schauspielschule angegliedert wurde, schickte er mich dorthin, zum Vorsprechen. Ich sprach die Ring-Erzählung vor. Mehr weiß ich nicht. Bestimmt noch Schiller, den Räuber Kosinski. Ich wurde aufgenommen. Der Unterricht war absolut unsystematisch. Die Lehrer waren Schauspieler, die sich ein Nebenbrot verdienten. Teilweise unglückliche Leute, denen im Beruf die ganz großen Rollen fehlten und die sich nun bei den Eleven eine Aufhilfe ihres Selbstbewusstseins holten. Es ging bei dem, was wir lernten, eigentlich nur um die Vervollkommnung der »Vorsprechkisten« – man lernte Rollenteile, ohne das dazugehörige Stück je vollständig gelesen zu haben.

Friedrich Hebbel – Sie lieben ihn noch heute?

Ohne Hebbel kein Wedekind, ohne Wedekind kein Brecht. Hebbels Tagebücher gehören für mich zum Schönsten, was es in der Literatur gibt. Ich war süchtig nach diesen Wahrheiten: »Wenn euer Herz ein Spiegel ist, so schaut doch nicht ewig selbst hinein; er kann ja sonst nichts abspiegeln als euch selbst.« Oder: »Die Welt ist schon rund, aber jeder muss sie von neuem umsegeln, und wenige kommen herum.« Oder: »Nicht alles ist möglich, aber der Schein davon.«

Sie wechselten eines Tages dann von Magdeburg ans Theater nach Frankfurt an der Oder. Hatten Sie Heimweh nach Magdeburg?

Ich war erstmals weg von Muttern, ja. Aber einen Austausch von Wehmut gab es kaum. Sie wusch und kochte und musste sich fortan um wenig kümmern. Es gab Kuchenpakete und viele Briefe.

Woher kamen die Leute, die da an der Oder, weit im Osten, Theater spielten?

Das Ensemble von Frankfurt bestand zu zwei Dritteln aus Westberlinern. Auch fast die gesamte Leitung kam von drüben. In Westberlin gab es ein Amt, da konnte man, wenn man Westberliner war, sein Ostgeld eins zu eins in West umtauschen. Dann gingen die in die Wechselstube und verwandelten es wieder in Ostgeld, zum Kurs von eins zu zehn. Damit kamen die zurück nach Frankfurt. Leute also mit einem unglaublichen Reichtum. Für uns natürlich ein Ärgernis sondergleichen. Ich war zwar wütend wegen dieser Ungerechtigkeit, aber ich verspürte trotzdem nie den Willen, in den Westen zu gehen.

Gab es beim Spiel damals einen politischen, einen weltbezogenen Impuls?

Wir spielten am laufenden Meter Vorstellungen. Dutzende Inszenierungen entstanden in kürzester Zeit, wie am Fließband. Wir traten fast jeden Abend auf. Wo sollten da noch Raum und Gelegenheit und Kraft herkommen, sich mit der Politik und der Welt zu befassen. Wir waren ins Spiel versunken, wie man in einem Berg weicher Masse versinkt. Neben dem Schauspiel gab es Einsätze in der Operette. Mir hat das Spaß gemacht, ich liebäugelte sogar eine Weile mit der Idee, ein Buffo zu werden. Kollegen redeten mir zu: Das sei doch toll, und es sei selten, ein so irre ausdrucksstark tanzender Buffo wie ich! Von dem geringen Geld, das ich in Frankfurt bekam, habe ich eine ehemalige Opernsängerin bezahlt, sie gab mir Stimmunterricht. Sie lehrte mich die sogenannte italienische Technik, das heißt, die Trennung von Atem und Stimmstütze. Ein Seidentuch, vor den Mund gehalten, durfte sich nicht bewegen, wenn man sprach. Also: Am Anfang dachte ich überhaupt nicht nach über den Sinn von Theater. Wie gesagt: nur gesunde Leidenschaft und pubertärer Exhibitionismus. Es ist doch aber ein Urgrund des Berufes: Man möchte präsent sein, man möchte gesehen werden, man denkt und fühlt die Frechheit, auch wirklich sehenswert zu sein. Eines Tages kam Werner Dissel nach Frankfurt ...

Mit dem Sie später jahrelang am Berliner Ensemble spielten.

Ja, er kam als Spielleiter, er kam vom Regisseur Karl-Heinz Stroux, er hatte ein Antiatomstück geschrieben – und es war der Moment, da einem im Zusammenhang mit dem Beruf erste politische Gedanken aufkamen. Dissel inszenierte »Alle meine Söhne« von Arthur Miller. Da erlebte ich erstmalig, was Regie ist. Mit Dissel zusammen ging ich später zur Neuen Bühne nach Berlin.

Schauspielkunst bedeutete in der Provinz also: nach einer Premiere schnellste Anschlüsse an die nächste Inszenierung zu finden.

Kunst ... na ja ... Der Frankfurter Intendant Linke kannte unsere »Vorsprechkisten«, er sagte, wir haben da also einen einstudierten Philipp, verfügen auch über einen einstudierten Posa, eine einstudierte Eboli, dann haben wir noch einen, der Teile vom Don Carlos drauf hat, also in vierzehn Tagen kommen wir mit der Premiere raus. Ich war ständig auf Hochtouren. Es kam vor, dass ich den Text anderer Kollegen gleich mitlernte und fremde Passagen auf der Bühne mitsprach, natürlich zum Ärger der Betreffenden. Ich war gern schneller als andere. Wie der Handwerker Zettel in Shakespeares »Sommernachtstraum«: Lasst mich den Löwen auch noch spielen! Nichts und niemand war vor mir sicher. Und mein Drang nach Wahrhaftigkeit sah so aus, dass ich als Mortimer in Frankfurt zu sagen hatte: »Ich zählte zwanzig Jahre, Königin« – ich war aber erst neunzehn, also änderte ich den Schiller-Satz. Ich sagte: »Königin, ich zähle neunzehn Jahre.«

Der Weg zu Brecht ans Theater – wie verlief er konkret? Doch bestimmt mehr Zufall als Fügung.

Ich suchte den Wechsel, ich wollte weg von Frankfurt. Es muss 1949 gewesen sein, ich landete bei einer kleinen Bewerbungs-Odyssee zufällig bei Proben zur »Mutter Courage« im Deutschen Theater. Losgeschickt worden war ich von »meinen« Agenten, Liebahn und Morgenstern hießen die. Erst ging ich zum Hebbeltheater, dann noch woanders hin, und schließlich saß ich bei Brecht in der Probe. Eigentlich wollte ich zu Wolfgang Langhoff. Nun sah ich statt dessen die Söhne der Courage den Karren ziehen. Vor der Bühne, im Zuschauerraum, wogte ein merkwürdiger Kopf, der hatte als einziger von allen keine Haare und machte sich gut als Silhouette. Mehr sah ich nicht von dem. Brecht. In einer Pause sprach ich ihm und der Weigel vor. Drauf hatte ich was von Schiller, den mochte Brecht offenbar überhaupt nicht, dann was aus Goethes »Götz«, auch kein Treffer, das merkte ich sofort, und als ich Hauptmanns »Und Pippa tanzt« ankündigte, winkte er gleich ab. Ich war beleidigt wegen der Brüskierung meiner Angebote, und er fragte, was ich denn so spiele in Frankfurt, ich antwortete wahrheitsgemäß: »Eva im Abendkleid« von Nico Dostal. Eine Rolle mit Tänzchen. Er unterbrach mich, wahrscheinlich aus Furcht vor weiteren scheußlichen Auskünften, und schlug vor, ich solle das Rundgedicht »Ein Mops kam in die Küche« in unterschiedlichen Rollen vortragen, mal als junger Mann, mal als Alter, mal als Soldat, mal als Arbeiter, mal als Liebender, als von Liebe Verlassener. Mich widerte das an. Affig. Kaspertheater. Ich hatte das Gefühl, keiner kümmere sich so richtig um mich, ich ging ziemlich zornig raus, draußen die Kriegstrümmer, die passten zu meiner Stimmung. Die Weigel aber kam mir nach, sie tröstete mich und schickte mich zu einem Jugendtheater, das Fritz Wisten gerade etablierte. Dazu hatte ich aber keine Lust.

Sie sprachen von einer Bewerbungs-Odyssee. Wie bewarb man sich an anderen Theatern? Im eigenen Auftrag, in eigener Regie?

Es gab Agenten. Man fuhr zu ihnen nach Berlin, Nähe Fasanenstraße.

Aber Sie gingen nicht schnurstracks von Frankfurt nach Berlin?

Wo denken Sie hin! An großen Theatern vorzusprechen, das wagte ich nicht. Gera war so etwa die Grenze meines Mutes. Den schönsten Satz hörte ich vom Intendanten des Stadttheaters Zeitz. Ich bewarb mich, er wollte wissen, woher ich komme, ich sagte: Frankfurt an der Oder – da setzte er sein ungläubigstes Staunen auf und fragte doch allen Ernstes: Und von da wollen Sie gleich nach Zeitz? Ich ging in mein Hotelzimmer und weinte. Ich dachte wirklich, mich überschätzt zu haben mit Zeitz. Ich schämte mich wegen meiner Anmaßung. Auf der Rückfahrt sprach ich noch in Halle vor. Der Intendant hörte sich alles an und versprach, mir in einigen Tagen Bescheid zu geben. Alles sehr vage. Völlig zerstört kam ich in Berlin an, bei meiner damaligen Freundin, der Schauspielerin Helga Raumer. Sie erlaubte mir nicht, verzweifelt zu sein. Wo ich doch aber gerade dabei war, die Verzweiflung als meine einzig wahre Lebensart anzusehen. Ich litt an der Verzweiflung, und ich liebte sie. Es war, als umfingen mich sämtliche Todesverse. Schön. Helga aber stieß mich vorwärts: Los, morgen früh um neun bist du bei Hans Rodenberg am Kinder- und Jugendtheater und um elf bei Robert Trösch. Zwei Theaterleiter in Berlin. Ich ging hin. Rodenberg schob eine Wodkaflasche rüber und fragte nur: Wann können Sie anfangen? Ich sagte ihm, ich müsse erst noch zu Trösch an die Neue Bühne.

Eigentlich unvorsichtig von Ihnen – sich zu bewerben und dabei auszuplaudern, man habe noch ein anderes Eisen im Feuer.

Unvorsichtig? Dumm! Das fiel mir auch sofort ein. Aber er nickte und meinte, Termine müsse man einhalten. Vielleicht hatte ihn der Wodka ruhig gehalten. Als ich bei Trösch ankam, dem Schlaks, umarmte der mich wie wild, er jubelte, denn ich mache einen verrückten Eindruck, und er brauche Verrückte. Wahrscheinlich hatte ich diese Wirkung ebenfalls dem Wodka von Hans Rodenberg zu verdanken, jedenfalls unterschrieb ich einen Vertrag. 750 Mark Gage! In Frankfurt hatte ich 450 Mark bekommen. Und zum Überfluss kam jetzt auch noch eine Zusage von Halle, die ich zwar nicht annahm, die mich aber trotzdem in einen Rausch von Anerkanntsein versetzte. Rodenberg, Trösch, Halle – nun konnte ich die vermeintliche Anmaßung, mich bis Zeitz gewagt zu haben, getrost vergessen!

Die Neue Bühne gab es nicht allzu lange.

Sie wurde geschlossen, denn es sollte ein Deutsches Nationaltheater gegründet werden. Ottofritz Gaillard und Maxim Valentin rauschten heran. Und Hans-Peter Minetti! Der war zwar noch kein Politnik, aber er benahm sich schon so. Er spielte Arbeitermacht und Zentralgewalt, und er spielte beides schlecht. Was diese Leute trieben, das war sehr hochmütig angesetzt. Valentin wischte das Ensemble der Neuen Bühne weg wie einen Krümel vom Tisch. Wobei ich hinzufügen muss, dass er sich mir gegenüber sehr anständig benahm.

Wie fielen die ersten Kritiken über Sie aus?

Meist miserabel. Aber ich fiel auf, so, wie ein Fremdkörper auffällt. Was spielten wir? »Holunderwäldchen«, »Morgendämmerung über Moskau«. Ich bekam eine Weile sogar doppelte Gage – auslaufendes Geld von Tröschs Neuer Bühne und Anlaufzahlung für das Valentin-Theater. Das war mir so peinlich wie freilich auch angenehm. Außerhalb der Arbeit war ich ein fideler Mensch, gemeinsam mit Harry Riebauer und Horst Kube. Wir waren dicke Freunde, umtriebig und liquide, der Alkohol kam gut in Fluss. Im Konversationszimmer bei Valentin erzählte ich Witze und wurde deshalb zur Leitung bestellt: Ich solle mich doch bitteschön lieber mit Konzentrationsübungen beschäftigen. Dieses Klima missfiel mir auf Dauer, denn für Ethik jenseits der Bühne zeigte ich wenig Interesse. Die Leute an diesem Theater soffen auch überhaupt nicht (*lacht*) – so was Trocknes war mir an Tröschs Bühne nicht begegnet. Robert war ein aufrechter Kommunist, der hatte in den dreißiger Jahren mit Erika Mann und Therese Giehse Kabarett gespielt, und er behauptete immer, nur weil er gern einen trank, habe er nie den Nationalpreis bekommen. Jedenfalls gestand ich meinen Freunden, ich würde hier ersticken, und dazu noch, auf der

Bühne, diese elende Einfühlung, dieses Hineinkriechen in jede Rolle, bis man sich als total eingesperrt empfand. Ich verstand diese Ästhetik nicht, und ich wollte sie auch nicht verstehen. Ich wurde richtig knirschig, wurde unausstehlich. »Hotte« Kube sagte eines Tages zu mir, so, Schluss jetzt, ich habe dich bei der Weigel angemeldet. Natürlich beschimpfte ich ihn heftig, schließlich war ich dort schon mal abgeblitzt. Am nächsten Morgen jagte mich Kube hoch und raus, er begleitete mich, besser gesagt: Er schubste mich voran, und vor jeder am Weg liegenden Bierkneipe verstärkte er sein Schubsen. Im Deutschen Theater klopfte er an, riss die Tür auf, drängte mich hinein, schloss die Tür wieder, und ich hörte ihn zischen: Brauchst gar nicht zu versuchen, wieder rauszukommen, ich stemm mich gegen die Tür!

Sie wurden genommen.

Ohne gründliche Proben vorher wurde ich in Rollen laufender Aufführungen geworfen. In der »Courage« war es ein randalierender Soldat, im »Krug« der Ruprecht. Dann ging Ernst Kahler ans Deutsche Theater, ich übernahm seine Rolle als Eilif in der »Courage«.

(Barbara Brecht-Schall: »Es stand die Frage, ob Hartmut Reck die Rolle bekommt oder Ekke. Reck hatte eigentlich die besseren Chancen bei Helli. Ekke holte Besson und mich, und mit uns gemeinsam probte er den Tanz, den er dann zur Probe anbot. So bekam er die Rolle.«)

Und dann kam die anekdotisch berühmte Nummer mit dem gefärbten Haar – als Sie sich am BE für den José in »Die Gewehre der Frau Carrar« bewarben.

Ja. Ich hatte mir die Haare schwarz färben lassen, in einem Privatsalon nahe des S-Bahnhofs Friedrichstraße, wo heute das Handels-Hochhaus steht. Auch die Augenbrauen ließ ich einschwärzen. Buberl, wir wollen's versuchen, sagte die Weigel, komm morgen auf die Probebühne in der Reinhardtstraße.

Brecht probierte selbst?

Ja, aber ich muss sagen, den größeren Eindruck machte auf mich von Anfang an die Weigel.

Brecht sah Ihre gefärbten Haare – und?

Er sagte nur: »Lassen Sie diese grausige Farbe raus.« Ich war damals fast noch hellblond, hatte dünnes Haar, durch das grelle Blauschwarz schimmerte die Kopfhaut. Ich sah furchtbar geschminkt aus und schämte mich. Aber ich hatte gemeint, man müsse was investieren.

Sie sahen die »Courage« – aber wussten ja wohl kaum um den theatergeschichtlichen Aspekt dieser Inszenierung? Waren Sie begeistert?

Eher nicht. Die »Courage« erschien mir zu gedehnt, zu gezügelt. Da schlug in der Bewertung meine eigene Art durch: Ich spiele gern gehetzt. Dieses Gehetztsein war mir zum Beispiel ganz besonders wichtig, als ich 1970 den Woyzeck spielte.

Regie: Helmut Nitzschke.

Ja. Woyzeck ist für mich ein fortwährend Gejagter. Ein Mann, der keine Organisation, keine Partei hinter sich hat. Er ist mit seinem Leid ganz allein. Er hätte dringend einer Form von Solidarität bedurft. Er vereinsamt, weil er sich mit niemandem verständigen kann. An technischen Gegebenheiten scheiterte damals, bei dieser Inszenierung, was ich zum Kern meines Spiels machen wollte: Ich wollte mich auf einer rotierenden Scheibe bewegen, und zwar ohne jedes Innehalten, die gesamte Aufführung hindurch – unablässig dieses Kreisen, das nicht zur Ruhe kommt, immer in Bewegung, immer am Laufen.

Die »Courage« von Brecht gefiel Ihnen also nicht so sehr. Was aber überzeugte Sie?

Was mich von Brecht begeisterte, war »Der Hofmeister«. Das war höchstes Gauklertum. Eine Aufführung wie ein Komet. Ernst Kahler spielte, als junger Kerl, einen Alten. Solche Umkehrung des Lebens in den radikalen Realismus einer autonomen Bühnenwelt sah ich das erste Mal. Und das gefiel mir. Die liefen Schlittschuh auf Filzkufen. Vorn spielte eine wichtige Szene, und hinten an der Bühnenwand versuchte Friedrich Maurer eine Fliege zu fangen, ganz langsam, total verzögert und provokant unbeeindruckt davon, dass sich nach den üblich geltenden Regeln alles und alle auf den Vordergrund der Protagonisten zu konzentrieren haben. Der Widerspruch gegen das Landläufige, gegen die Norm – ich erwachte.

Hat Brecht auf Proben viel diskutiert?

Kaum. Wenn der Schauspieler auf Findung ging, war er sehr hilfsbereit – aber ohne jede theoretische Untermalung. Auf der Probe war er Regisseur, nicht Theoretiker. Regie ist schließlich nicht identisch mit Theaterwissenschaft. Während der unmittelbaren Arbeit mit Brecht habe ich das Wort vom Verfremdungseffekt nie gehört, es waren bei den Proben immer sehr praktische Dinge, die zur Diskussion standen. Die Hauptarbeit mit der jeweiligen Rolle bestand darin, Schwulst abzubauen, Bewegung zu dämmen. Eliminieren hieß das bei uns. Ich habe es ja schon erzählt: Ausbrüche waren unbeliebt. Also ausgerechnet das, womit man als Schauspieler am ehesten Wirkung erzielt.

Was gab er Ihnen?

Ich sagte ja: Was er mir gab, war das, was er mir nahm. Er nahm mir mein emotionales Können, also mein wahres Talent. *(Lacht, pafft, nimmt einen tiefen Schluck aus dem Bierkrug).*

Und dann?

Gab es ein großes Erwachen in jener Reduktion, die er forderte. Wir sprachen darüber: Emotionen galt es aufzufangen in umfassenderen Vorgängen.

Wir brauchen an dieser Stelle das unvergessliche Beispiel ...

Ich erinnere mich an die Proben zur »Carrar«. Was bei mir ausdauernde Expressivität war, es war bei der Weigel eine geradezu diszipliniert durchkomponierte Hingabe an eine Emotion, die zwar auch Tränen hervorbrachte, aber dosiert blieb. Sie war die pure Mütterlichkeit. Bei der Gestaltung einer großen Rolle, sagte sie, dürfe es allerdings nicht mehr als zwei Ausbrüche geben. So war es schon bei ihrer Courage gewesen: zwei Ausbrüche und ein stummer Schrei. Für mich eine entsetzliche Vorstellung (*lacht*), ich hätte doch am liebsten in jeder Szene eine große Aufwallung produziert.

Die Carrar in Brechts Stück ist eine Frau, die sich, gegen ihre Einsicht, lange Zeit dazu zwingt, nicht gegen ihre Feinde, gegen Franco zu kämpfen, sie will keine Gewehre herausgeben, sie will ihre Söhne nicht an den Krieg verlieren.

Sie empfängt dauernd Besuch. Geprobt wurde, dass diese Besuche die Festigkeit der Carrar beschädigen. Die Weigel sollte also spielen, dass die anderen recht haben, dass die Kraft der Argumente sie aufweicht und somit eine Hinleitung zur Kampfbereitschaft möglich und logisch wurde. Der mähliche Umschlag in eine neue Qualität von Haltung. Das klappte aber nicht, die Weigel wirkte nämlich trotz all ihrer eigenen Bemühungen weiterhin mütterlich-störrisch. Die Stimmung auf den Proben wurde zunehmend schlechter, und zum großen Krach kam es, als die Weigel eines Morgens mit einer neuen Frisur zur Probe erschien, sie trug die Haare offen, Brecht rastete aus, da mischten sich wohl künstlerische Unzufriedenheit und private Dinge. Dann wurde, ich glaube, von der Weigel selbst, der rettende Vorschlag gefunden. Sie sagte, sie werde als Frau Carrar mit jedem Besuch, der sie umstimmen will, nur fester ihre Ablehnung des Krieges zeigen. Alles, was gegen sie gesagt werde, mache sie nur mütterlich abweisender. Ihr schließlicher Umbruch werde geradezu erzwungen – und dadurch groß. Erst ganz zum Schluss sei es dann ein einziger Gedanke, der ihre Haltung ändere – ohne dass sie jedoch die bisherige Figur völlig aufgeben müsse. Sie wurde also nahezu ungebremst härter und härter. Ihr Körper sagte fester denn je: Krieg? Gewehre? Nicht mit mir! Außer im Moment, da sie schließlich Brot aus dem Ofen holte und es den nunmehr bewaffneten Kämpfern mitgab, sah man sie in der Aufführung nie gebeugt. Die Weigel ließ sich sogar ein Korsett anlegen.

Der Schluss, das neue Denken – es kam also so unvorbereitet wie möglich?

Ja, auch für die Carrar selbst. Das ist der schöne Gedanke: Wir sind, wie wir sind, aber plötzlich überschreitet uns etwas – und stimmt uns um. Die Weisheit, die Klugheit, die Vernunft, das können Blitzschläge sein, unerwartete Überfälle. Also: Wenn man die Hoffnung in den änderungsfähigen Menschen irgendwann aufgibt – dann kann diese Resignation fatalerweise genau jene Sekunde, jenes Wort zu früh sein, derer es noch bedurft hätte, um jemanden doch noch zu überzeugen. Was da auf den »Carrar«-Proben geschah, wurde mir zur Schule: Text nicht benutzen, um sich zu einer Haltung hinzuspielen – wenn man es so macht, bleibt ja ein Teil Text nur immer bloße Vorbereitung, Vorgeplänkel, Vor-Spiel, ist also Text, der selber keine Haltung benötigt. Das ist falsch. Übergänge zu spielen, das ist falsch. Das verwischt Texte, die auch ein Recht auf Haltung haben. Viel später spielte ich zum Beispiel den Azdak. Die leibliche Mutter, eine kalte Herrin, und die Ziehmutter, eine fühlende Magd, stehen im Kreidekreis und zerren am Kind. Die gerichtliche Vereinbarung: Derjenigen Frau, die das Kind aus dem Kreis zieht, wird der Junge zugesprochen. Azdak sieht die Magd natürlich als Siegerin, sie ist kräftig, vom Leben gehärtet, sie wird das Kind an sich reißen. Als sie, unerwartet für ihn, loslässt, weil sie dem Kind nicht weh tun will, wiederholt der Richter Azdak die Probe: Klar, beim zweiten Mal wird Grusche alle Kraft einsetzen. Aber wieder lässt sie los. Wieso handelt die so?, fragt sich Azdak, und jetzt erst kommt ihm die Erleuchtung, und er gibt der Magd das Kind. Er entscheidet nicht von Anfang an menschlich, gütig, nein, er ist doch selber ein Gerissener, ein Windiger – er muss von Weisheit und wahrem Gerechtigkeitsempfinden erst überrumpelt werden. Das ist menschlich. So zeigt es uns dieser Azdak – und macht sich selber auf und davon. Die Lehre: Man versteht nicht immer sofort, was man begriffen hat. So wie man nicht unbedingt überlebt, was man überstanden hat. Oder man weiß nicht zu schätzen, was man liebt.

Diese Lehre hört man nicht von jedem Lehrer, speziell der linken Bewegung.

»Der Hochgenuss kommt vom Lernen.« Ein Satz Brechts, der den Hochgenuss des Lehrers gegenüber seinen Schülern benannte. Ein Standardsatz von ihm war freilich auch: Ein Denkmal, das man einreißen wolle, müsse man erst mal aufbauen.

Sie sagten eben, es habe sich bei ihm, auf den »Carrar«-Proben, Privates mit Beruflichem vermengt ...

Na ja, wir merkten, dass er mit seiner Frau umging wie mit uns.

Es ist aufschlussreich, welche Stücke seiner eigenen Dramatik er am BE inszenierte bzw. zur Aufführung freigab.

Er hielt uns fern von seinem Frühwerk, auch von den Lehrstücken – das war er seinem Weltrang schuldig (*lacht*).

Kann man sagen: Brecht musste, eben weil er groß war, ganz folgerichtig zur Reizfigur für die Funktionäre werden?

Wer zur Arbeit einlädt, lädt zum Angriff ein, auch zum Angriff auf sich selber. Das ist nur natürlich. Was aber keinesfalls natürlich ist: ausgerechnet von Leuten schikaniert zu werden, die sich als Sachwalter der endlich besseren Welt verstehen und sich von daher zum Meinungsdogma legitimiert fühlen. So unangefochten wie ein Picasso zu arbeiten, war Brecht in der DDR nie vergönnt. Er war ständig umgeben von kleinen, kulturpolitisch engstirnigen Geistern, die ihn nur für sich ausnutzten, ihn aber nie wirklich wollten. Die »Courage« gleichsam als Banner seines neuen Theaters machte ihn in Berlin nicht glücklich, die Inszenierung wurde von den SED-Funktionären nur widerwillig akzeptiert. Erst das schon erwähnte Gastspiel in Paris, wo er sich in der Loge in den starken Beifall hineinbeugte, war befreiend für ihn. Erst jene internationale Luft, die ihm Anerkennung zufächelte, erfrischte ihn.

Wobei es mit Eugène Ionesco, Friedrich Dürrenmatt oder Max Frisch auch internationale Größen gab, die sich kritisch mit Brecht auseinandersetzten – besonders mit seiner Auffassung, das Theater müsse und könne die Welt als eine veränderbare zeigen.

Gut, dass Sie diese Leute erwähnen. Die sind doch das beste Beispiel dafür, dass erst im Ausland der Gegner jene geistige Höhe besaß, zu der einige Geisteszwerge der DDR nie hinaufgelangten. Den »Kaukasischen Kreidekreis« am BE ignorierte die SED-Kulturpolitik, »Neues Deutschland« verweigerte eine Rezension. Er wurde beschimpft, er betreibe volksfremdes Theater - sie haben ihn an den Ohren gezogen wie einen Klippschüler. Sie jagten einen Keil zwischen den Schriftsteller Brecht und den Regisseur Brecht. Ein Elend war das!

Wie hat denn Brecht auf Ignoranz reagiert?

Gar nicht. Brecht hat gar nicht reagiert. Er hat sich mit den Dingen in seinen Schriften befasst, hat mit Freuden theoretisiert, hat sein geistiges Niveau nicht verlassen, hat sich der Dummheit nicht unproduktiv ausgesetzt.

Gottfried Benn hat einmal gesagt, er würde sich selbst dann nicht reizen lassen und womöglich Leserbriefe an Zeitungen schreiben, wenn er des Geschlechtsverkehrs mit einer Stubenfliege bezichtigt würde.

Brecht sagte uns: Ich biete Birnen an und die wollen Pflaumen. In der Kantine, im hinteren Raum, da gab es mal eine kleine Diskussion, anwesend war der ND-Kritiker Horst Knietzsch. Brecht: »Herr Knatsch sagte eben ...« Knietzsch rückte das mit seinem Namen zurecht. Brecht: »Oh, entschuldigen Sie, Herr Knatsch.«

Aber neben diesem Elend gab es auch Charakter! Es war Wolfgang Langhoff, der dem Berliner Ensemble und Brecht, gewissermaßen einem ästhetischen Antipoden, die erste künstlerische Heimstatt gab – am Deutschen Theater.

Langhoff war zum Beispiel ein großartiger Egmont. Hacks stellte ihn als Regisseur sogar über Brecht – da will ich nicht richten.

Die Debatte zwischen Brecht und Langhoff gipfelte in der Auseinandersetzung um den besagten »Egmont«. Brecht warf Langhoff vor, er sei idealistisch, er rechtfertige Egmont ausschließlich und unterdrücke damit die Kritik an der Figur. Das sei nicht materialistisch gedacht.

Langhoff fürchtete zu viel Rationalität, zu viel Lehrstoff im Theater, er wollte mitreißend sein. Auf jeden Fall erlebte ich Langhoff als einen höchst integren Menschen. Er befand sich mehr und mehr auf dem Weg zu Brecht, und am Ende seines Lebens spielte er ja auch am BE, den Langevin in den »Tagen der Commune«. Er war ein Mann, zu dem ich aufschaute. Ich spielte den Alexej in der »Optimistischen Tragödie« von Wischnewski, eine der bedeutenden Inszenierungen von Palitzsch und Wekwerth. Die Rolle sollte erst Geschonneck übernehmen, der wollte aber nicht und war außerdem zu alt für die Figur. Ich übernahm die Aufgabe, obwohl ich zur gleichen Zeit, fast jede Nacht, bei der DEFA drehte, »Die Geschichte vom armen Hassan«. Und da kam Langhoff und hat meinen Alexej gelobt: dass man die Revolution so zeigen könne, das sei toll. Ich war gerührt. Er hatte stets einen so seltsamen Klang in der Stimme, nie sprach er ein Lob direkt aus, eher beiläufig, vorsichtig, ein wenig so, als wolle er es gleichzeitig etwas ironisieren. Der andere hochintegre Mann, zu dem ich eine große Zuneigung empfand, war Heinar Kipphardt. Der kam 1949 aus dem Westen, wurde Chefdramaturg bei Langhoff und ist zehn Jahre später, eigentlich wider seinen Willen, wieder rübergegangen, die doktrinäre Art der DDR verjagte ihn.

»Die Bänder des Kehlkopfs gefrieren / im Luftzug der Proklamationen« heißt es schon in einem Gedicht von 1949.

Wir haben ihn drüben besucht, er hat nie zurückgeschmäht in die DDR, er wurde kein hasserfüllter Renegat, obwohl er so trübe Erfahrungen mit dem Osten gemacht hatte. Er zog sich zurück. Erst in seinem letzten Lebensjahr, 1982, ging er wieder aus, es gab ein langes nächtliches Zusammentreffen zwischen uns, wir sprachen über Arbeitsträume, etwa eine Bearbeitung des »Faust«-Stoffes – es ist nichts daraus geworden.

Sie waren ja Kipphardts Oppenheimer. Zu wechselnden Zeiten verkörperte das Dokumentartheater – auf jeweils unterschiedliche Weise und Wirkung – das heftige Bedürfnis nach Wirklichkeit und deren struktureller Erhellung. Von Piscators Masse Mensch über Peter Weiss, Armand Gatti bis zu Rolf Hochhuth und anderen war dieses Theater eine lange, mal prägende, mal nur schwach leuchtende Konzeptlinie wider eine bürgerlich eingeschliffene Dramatik – die von Läuterung spricht, aber nur verbrämende Psychologisierung grundsätzlicher sozialer, politischer Prozesse betreibt.

Der Realismus des Protokolls, die Wahrheitskraft des Unmittelbaren, die ungekünstelte Wiedergabe gesellschaftlicher Zündstoffe – für Heinar Kipphardt, diesen querköpfigen Materialisten, war solches Theater die beste Methode, Verhältnisse durchschaubar zu machen und Energie anzustoßen, sie zu verändern.

Kipphardt wusste aber sehr wohl, dass der Satz »Die Welt ist veränderbar« zur Religion werden konnte.

Aber, so sagt sein Werk: Die Welt ist veränderbar! Oppositionell blieb er auch in der Bundesrepublik: Sein Ende als Dramaturg an den Münchner Kammerspielen war besiegelt, als er im Programmheft zu Wolf Biermanns »Großem DRA DRA« mit agitatorischer Verve bundesdeutsche Politiker in eine Reihe mit Diktatoren stellte. Kipphardt, dessen Vater im KZ umkam, entwickelte seine Literatur aus existenzieller Verletzlichkeit, aus basisdemokratischer Überzeugung und der untilgbaren Hoffnung in den Sinn des Eingreifens.

Seinen schizophrenen Dichter März lässt er Gedichte schreiben, mit vor Schreck vergrößerten Pupillen geschriebene Wahrnehmungen. Eines der Gedichte: »Die Hoffnung drückt das Herz. / Das Herz tut weh. / Schlau kommt der Tod als Hoffnung.«

Kipphardt lebte in einer Mühle, in Angelsbruck bei München, war ein kraftvoller, stämmiger Widerstandsmensch. Der Kraftvolle leidet vielleicht am meisten, weil man Leiden an ihm nicht vermutet. Ein Störer, ein Störenfried, ein Störenfriedfertiger.

So viele kluge Leute, die von der DDR nicht gehalten werden konnten. Und gewiss spielte, als Brecht in die DDR kam, auch Neid eine Rolle.

Natürlich gab es den Neid auf Brecht. Aber nicht bei Wolfgang Langhoff, Kipphardt, Wolfgang Heinz. Nein, meine Erfahrung ist nicht, dass sich Deutsches Theater und Berliner Ensemble polemisch und gegnerisch gesinnt voneinander weg bewegten.

Hätten Sie gern auch (mal) am Deutschen Theater gespielt?

Natürlich! Dort arbeiteten Leute, deren Meinung mir wichtig war.

Noch mal zu Wolfgang Langhoff: 1948 hatte er am Deutschen Theater »Furcht und Elend des Dritten Reiches« inszeniert. Er hat, Berichten nach, das Stück so in seine eigene Ästhetik übersetzt, dass die Brecht-Jünger geradezu entsetzt gewesen sein müssen: Wolfgang Harich schrieb: »Das Kriterium für Wert oder Unwert einer Brecht-Aufführung besteht darin, ob sie dieser Dialektik in aller Schärfe Geltung verschafft. Von Wolfgang Langhoffs Inszenierung kann man das nicht behaupten. Das dialektische Lehrstück ist aufgeweicht zu bravem, konventionellem, landläufigem Theater. Brecht wird hier gespielt, nicht gelehrt. Langhoff scheint nicht begriffen zu haben, dass es sich fast in jeder Szene um absolut selbstsichere Existenzen handelt, denen plötzlich der Boden unter den Füßen schwindet, dass eben darin das Umschlagen des noch Bürgerlichen ins schon Faschistische besteht und dass dieser reine, klare, gesetzmäßige Vorgang auf gar keinen Fall mit den zufälligen Merkmalen individuell-konkreter Personen verkleistert werden darf.«

Brecht und Langhoff – da traf Selbstbewusstsein auf Selbstbewusstsein. Beider Beziehung war von herber Neigung zueinander. Aber eben: Zuneigung – man hatte doch bislang den gleichen Kampf gekämpft. Und immerhin: Es war Wolfgang

Langhoff, der den nach Deutschland zurückkehrenden Brecht am Flughafen Tegel abholte. An der Siegessäule soll Brecht die Schrebergärten zwischen den Trümmern betrachtet und gesagt haben: »Halten Sie an, Langhoff, und sehen Sie sich das an. Aus dem Volk kann in den nächsten hundert Jahren nichts mehr werden.« Langhoff hielt im damaligen »Herrenclub«, in der Jägerstraße, die eigentliche Begrüßungsrede für Brecht in Berlin. Hans Mayer schildert später, dass Brecht auf keine der kurzen Ansprachen geantwortet, sondern »freundlich und undurchdringbar, vor allem auch neugierig« dagesessen habe.

Brecht wird sich wohl schnell des Widerspruchs bewusst gewesen sein: Einerseits war der Osten der für ihn klare politische Standort, andererseits wollte er sich als Theatermann und Dichter Optionen in andere Richtungen offenhalten. An Ruth Berlau hatte er kurz vor seiner Reise nach Berlin geschrieben: »Was Berlin angeht, das habe ich auch aus Anna Seghers' Bericht entnommen, ist es entscheidend wichtig, dass man eine starke Gruppe bildet. Allein, oder fast allein kann man da nicht existieren.«

(Schall geht ans Bücherregal, sucht, findet, liest.) Hier, die berühmt gewordene Notiz. Brecht schreibt am 6. Januar 1949 in seinem »Arbeitsjournal«: »werde aus der probe zum neuen oberbürgermeister berlins geholt, wo, im beisein von langhoff und wisten, dem bisherigen intendanten des schiffbauerdammtheaters, über mein theaterprojekt (betreffend die zuziehung großer emigrierter schauspieler) gesprochen wurde. der herr oberbürgermeister sagte mir weder guten tag noch adieu, sprach mich nicht einmal an und äußerte nur einen skeptischen satz über ungewisse projekte, durch welche vorhandenes zerstört würde. die vertreter der SED (ackermann, jendretzky, bork) schlugen die kammerspiele für das projekt vor sowie gastspiele im deutschen theater oder bei wisten ... zum erstenmal fühle ich den stinkenden atem der provinz hier.«

Schauspieler Ernst Kahler hat mit Langhoff bei gemeinsamen Vorstellungen am Deutschen Theater oft Schach in der Garderobe spielt. Was er später erzählte, offenbart etwas von der dennoch komplizierten Lage für Wolf-

gang Langhoff: »Er hat mit seiner Arbeit begonnen vor Brecht. Hat hier angefangen, ist hier Chef geworden, hat gearbeitet in einer Weise, die den Schauspielern wie auch den Zuschauern vertraut war. Und dann kam dieser Brecht, das war wirklich wie ein Gewitter, und es dauerte nicht lange, da gab es eine Menge von großen Schnauzen, die sagten, was ist schon Langhoff, schaut euch den Brecht an – wie das eben so läuft am Theater. Das Deutsche Theater wurde zu der Zeit ganz schön in die Ecke gedrückt. Aber ich habe ich ihn nie ein böses Wort über Brecht sagen hören. Doch man konnte ihm ansehen, dass ihn das ganz schön gewurmt hat.«

Langhoff probierte dann den Papst in Brechts »Leben des Galilei«, Brecht hatte ihn angerufen, und Langhoff war bereit zu diesem Freundschaftsakt für Brecht. Um zu Proben ans BE zu kommen, stahl er, so erzählte sein Sohn Thomas, sich jedes mal aus dem DT, suchte Ausflüchte, er habe irgendwo irgendwas zu tun. Leider kam diese Arbeit durch Brechts Tod nicht an ihr Ende. Langhoff wäre sonst in der Tat ein Darsteller bei seinem Antipoden geworden. Auf den Proben damals im Berliner Ensemble, als er in »Die Tage der Commune« spielte, da hat er im Spaß gesagt: »Nun habe ich Stanislawski schon im Rücken, und ihr rückt mir jetzt mit dem Brecht auf den Leib.«

Wieder zu Ihren eigenen Erfahrungen – 1974 inszenierten Sie gemeinsam mit Ihrer Frau Barbara Marlowes »Edward II.« am Berliner Ensemble. Die Rezensionen fielen nicht euphorisch aus.

Walter Felsenstein ließ mir ausrichten, es habe ihm gefallen. Das setzte ich hoch an, höher als andere Stimmen.

Wegen des Lobes?

Vielleicht auch, ja. Aber vor allem wegen des Vertrauens in die Sichtweise eines Mannes, der am Theater nicht gearbeitet, sondern Theater gelebt hat.

Hätten Sie nach dem Marlowe-Stück gern weiter Regie geführt?

Ja. Aber da hätte ich mich als Schauspieler zurücknehmen müssen – das ging nicht, und das wollte ich nicht. Ich fühlte mich glücklich nur im totalen Lodern. Gustaf Gründgens teilte sein erwachsenes Leben ein in den Tag vor dem Hamlet und den Tag nach dem Hamlet, in den Tag vor dem Faust und den Tag nach dem Faust. Er schrieb: »Ich bin ein solches Arbeitstier, dass ich nicht weiß, wie zu leben; immer stehe ich vor einer großen Premiere oder nach einer, und gegen die wenigen Freunde, die ich habe, bin ich unnett, weil ständig überfordert.« Das ist mir als Selbstbeobachtung sehr nah. Ich wusste ja beizeiten, dass ich den Beruf nicht mit halber Kraft würde ausüben können. Ich wollte spielen, als gehe es um Leben oder Tod. Der Beruf sollte mich, im besten Sinne, das Leben kosten – im Mittelmaß aber würde ich sterben. Wenn man nicht vor Arbeit umfällt, fällt man schon vorher um. So nahmen mir meine jeweiligen Rollen alle Energie. Selbst Proben mussten bisweilen gedämpft bleiben für das Spiel am Abend.

Das klingt wieder nach der möglichst brachialen Arbeitseinstellung.

Für mich die einzig achtbare. Eigentlich zitiere ich ungern Heiner Müller, aber er hat mal gesagt: »Wenn Arbeit Spaß macht, ist sie keine.«

Aber herauskommen soll doch Spaß.

Nein, Leichtigkeit. Dazu hat mir Brecht einen kurzen Brief geschrieben, der fing so an: »Lieber Schall, von allen Tugenden ist die Willenskraft diejenige, die in der Kunst am sorgfältigsten verborgen werden muß.«

Kein Organismus überschreitet freiwillig seinen Zenit. So, wie alles wird, so vergeht alles. Wodurch verging die Strahlkraft des Berliner Ensembles?

Durch den Weggang großer Schauspieler zum Beispiel. Durch die Mauer. Durch die Kraftanstrengung gegen die natürliche Verwitterung der Dinge. Aber auch, weil einige unserer Protagonisten am BE das Gefühl drängte, sie müssten selber Spitze sein und könnten das nur an anderen Bühnen verwirklichen. So ging Hilmar Thate ans Deutsche Theater, Wolf Kaiser an die Volksbühne. Es gab eine Zeit, da erfuhr ich am BE eine

Wichtigkeit, die mich auch überforderte. Und auf Gastspielen, etwa in Wien, spielte ich an drei Abenden hintereinander den Puntila, den Ui und den Coriolan. Wahre Größe, nämlich Leichtigkeit, war da nicht wirklich herstellbar.

(Barbara Schall ruft von hinten herein: »Je besser der Partner ist, desto besser wird man selber, denn die Spannung wird größer, das Energiefeld, in dem man selber wächst.«)

Ja, so war das. Es gab am Berliner Ensemble auch immer genügend List und Lust, um den Verboten und fesselnden Beschlüssen der agierenden Kulturpolitik etwas Eigenes entgegenzusetzen. Irgendwann ist die Lust und ist die List allerdings an ein Ende gekommen. Ein natürlicher Vorgang. Aber so, wie man weiterlebt trotz aller Zwickereien und Zwackereien des Körpers, so arbeitet man weiter.

Wann hörten Sie den Namen Brecht eigentlich zum allerersten Mal?

In Magdeburg. Da spielte ich bis zum Frühjahr 1948 – am 1. Mai begann dann mein Engagement in Frankfurt an der Oder. Und in Magdeburg also, das muss 1946 gewesen sein, da stieß ich auf diesen Namen. In einem Buch aus einem sehr kleinen Verlag, es hieß »Dem Schweigen entrissen« oder »Dem Feuer entrissen«, so genau weiß ich das nicht mehr. Ein armselig gedrucktes Buch, wir waren ja noch Ostzone, absolute Armut, gleich nach dem Krieg. Es war eine Anthologie von Dichtern, die mir zumeist unbekannt waren. Jakob Haringer machte den größten Eindruck auf mich, »Alles, was geschieht, / Ist nur Leid und Lied, / Gott spielt auf der Harfe / Trost sich zu.« Diese Verse habe ich bis heute nicht vergessen. Oder: »Nun kommen die großen Traurigkeiten wieder / wie wilde Matrosen.« Das traf mich zutiefst. Mir begegneten die ersten expressionistischen Lyriker, sie rissen mir das Herz auf. Stramm zum Beispiel.

Diese absolute, ins Höchste getriebene Sprachform, unter Aussetzung aller Grammatik.

Ja. Als risse sich Sprache frei von Fesseln. Ich war erschüttert. Und in diesem Buch standen auch zwei, drei Gedichte von Brecht. Keine politischen Verse, sondern, zum Beispiel, »Vom Klettern in Bäumen«.

Und worin bestand nun dieses Erweckungserlebnis Brecht?

Tja, das knallte wahrlich als Erlebnis in mich rein, es war ungeheuerlich. Das las sich, als offenbare sich da die Sicht eines alten Mannes, ja, als erinnere sich ein längst Verglühter an seine brodelnde, lodernde Jugend. Gefühle eines alten Manns im Frühling - der »nur« noch ein Frühling der Erinnerung ist; so las ich das. Es war dies aber die erstaunliche Weisheit eines doch noch ganz jungen Dichters! Ich empfand mich ans Ende der Zeit verpflanzt, ins mir sehr ferne Leben zuzeiten der grauen Haare, da Leben plötzlich anders ist, als es immer war, und Änderung einzig noch vom Tod zu erwarten ist, aber: Man will doch gar nicht sterben! Das hat dieser Brecht mit zwanzig geschrieben! So erfuhr ich's aus den biografischen Angaben des Buches, und ich habe mich gefragt: Wie kommt dieser Spund zu solcher Zartheit beim Betrachten der Vergreisung? Er ist später als Lyriker ja eher der zynische Schwerenöter, aber aus diesen Gedichten, die mir zuerst in die Hand gefallen waren, aus der »Hauspostille«, sprang mich die ganze Tiefe und Unerlöstheit der Existenz an. Mann, dachte ich, oder ich fühlte mehr als ich dachte: Was weiß der doch viel vom Leben!

Welche Dichter begeisterten Sie denn noch?

Meine Lieblingsdichter wechselten von Monat zu Monat, oder wenigstens halbjährlich. Besonders liebte ich August von Platen. Also schrieb ich Gedichte wie er. »Tristan«, das wurde mir zur absoluten poetischen Erfüllung: »Wer die Schönheit angeschaut mit Augen, / Ist dem Tode schon anheimgegeben«. Dann schrieb ich eine Weile wie Hölderlin - den ich zunächst als Urahn der Expressionisten sah. Bildverstiegen, ohne Rücksicht auf so was wie Stimmigkeit im realistischen Detail, denn in »Hälfte des Lebens« etwa hieß es: »Im Winde klirren die Fahnen«. Der ließ selbst Fahnen klirren, was ja eigentlich überhaupt nicht geht! Bis mir jemand sagte: geht sehr wohl! Auf dem Turm in Tübingen befände sich eine Wetterfahne, und zwar aus Metall. Die konnte klirren und scheppern. Von wegen Expressionismus, das war im Grunde blanker Realismus!

Ein Kopistenrausch!

Natürlich, das war man sich schuldig. Und dann schrieb man wie diejenigen, die man las. Eine Weile küsste ich nur noch Erdbeermünder – als ich Villon las.

Offenbar zogen Sie aus allem, was Ihnen begegnete – Genuss?

Und mein höchster Genuss war: mich schreibend in Beziehung zu allem zu setzen. Als ich den DEFA-Film »Ehe im Schatten« gesehen hatte, schrieb ich ein langes Gedicht darüber. Ich schrieb überhaupt Gedichte über Schauspieler und Opernsänger, Gedichte etwa über den Schauspieler Raimund Schelcher. In Frankfurt sah ich einen Film mit Jean Simmons und schrieb sofort einen völlig versponnenen Roman über sie, in dem sie sogar ans Theater in Frankfurt engagiert wurde.

(*Barbara Brecht-Schall ruft von hinten:* »*Ich hab nie so schöne Gedichte von dir gekriegt.*«)

Wir sind einander zu spät begegnet, Schatz, aber vielleicht wird's noch mit den schönen Gedichten, ich kehre ja jetzt im Alter, dichterisch gesehen, zurück in die Pubertät.

Goethe und Schiller?

Nur bedingt. Stefan George fühlte ich mich nahe, und plötzlich war ich auch mal in die Prosagedichte Tagores vernarrt. Vieles an literarischer Zuneigung hing damals vom Zufall ab, davon, welche Bücher man in die Hand bekam. Sehr mochte ich die Dichter mit den schmalen Oeuvres. Mein eigentliches Lieblingsgedicht aber blieb Ludwig Uhlands »Ich hatt' einen Kameraden«. Das ist so schön, so traumhaft schön.

Warum?

Es bleibt ein zu Herzen gehendes Abschieds- und Treuelied.

Dem Lied, so heißt es in linken Vorurteilskreisen, klebt nationalistischer Missbrauch an.

Ein Lied reißt man so wenig ab wie Schlösser, Kirchen oder Paläste, ob nun der Reichen oder der Republik. Nicht jeder muss so ein Lied singen, aber nicht jeder, der so ein Lied singt, ist deshalb einer aus dem tyrannischen Gestern. Ludwig Uhland schrieb 1806: »Ein jeder so, wie's ihm beliebt, / Ein jeder aber so, dass nie ein Feuer stiebt.« Der Selbstwert ist die Pflanze, die oft nur auf eisigen Schollen wächst. Uhland stand auf Eis, als lebte er an Südseestränden.

Haben Sie jenes Buch noch, in dem Sie Brecht entdeckt hatten?

Nein. Das Buch habe ich später der Helli geschenkt.

Wurde in Magdeburg, wo Sie als Schauspieler anfingen, Brecht gespielt?

Nein. Aber ein Mahagonny-Stück stand auf dem Spielplan, es war von Günther Weisenborn, damals ein viel gespielter Autor. Wir gaben »Peer Gynt« »Salomé«, von Hebbel »Judith« und »Maria Magdalena«. In Frankfurt an der Oder dann war »Furcht und Elend des Dritten Reiches« im Repertoire, aber an mir ging das vorbei, ich spielte Operette. Lesend erst stieß ich wieder auf Brecht. Er hatte Villon übersetzt, den ich, wie gesagt, verschlang.

Es hatte ja diesen Prozess gegen Brecht gegeben, den er verlor, einen Prozess, den der Villon-Übersetzer Karl Ammer angestrebt hatte, und 1929 hat Brecht in der Berliner Zeitschrift »Die schöne Literatur« in seiner bekannten frechen Art geschrieben, noch in der Niederlage wie ein Sieger: »Eine Berliner Zeitung hat spät, aber doch bemerkt, daß in der Kiepenheuerschen Ausgabe der Songs zur ›Dreigroschenoper‹ neben dem Namen Villon der Name des deutschen Übersetzers Ammer fehlt, obwohl von meinen 625 Versen tatsächlich 25 mit der ausgezeichneten Übertragung Ammers identisch sind. Es wird eine Erklärung verlangt. Ich erkläre also wahrheitsgemäß, daß ich die Erwähnung des Namens Ammers leider vergessen habe. Das wiederum erkläre ich mit meiner grundsätzlichen Laxheit in Fragen geistigen Eigentums.«

Sie erwähnten in unseren Gesprächen Josef Kainz. Gab es also schauspielerische Vorbilder?

Kainz, das war lediglich die Suche nach einer Pose für ein Foto, mehr nicht. Außer dem besagten Romano Merck hatte ich kein Vorbild. Was es so zu sehen gab im Kino oder am Theater, hat mich kaum berührt. Teilnahmslos sah ich mir alle Filme mit Hans Albers und Heinz Rühmann an. Später dann beeindruckte mich Ernst Busch. Aber man kann etwas bedeutend finden, ohne selber so sein zu wollen. Busch faszinierte mich, aber trotzdem, Sie wissen es, blieb mir seine schauspielerische Grundhaltung fremd.

Sie wurden Schauspieler – kann man sagen: Eine andere Art, sich in der Welt zu fühlen, gab es für Sie nicht?

Das Theater war für mich der einzige Ort, an dem ich kompensieren konnte, dass ich eigentlich nichts konnte und auch nicht wusste, was anzustreben sei im Leben. Ich spürte: Außer artistisch hochgedröhnter Präsenz ist da nichts, also musste ich das perfektionieren, um mich mit einer wirklichen Eigenart auszustatten und gegenüber anderen Schauspielern zu bestehen. Ich war ausschließlich darauf aus, vor ein Publikum zu treten, als sei ich ein bis zum Bersten aufgepumpter Pneu - spielend würde ich das Ventil herausziehen und lospfeifen und loszischen, bis alle Luft raus war. Ich wusste, dass ich leidenschaftlicher und wilder war als alle neben mir. Ich wusste auch, dass ich mich unbeliebt machen würde, klar. Aber wer mich in so glückhafter Übereinstimmung mit meinen Eigenarten sah, der wusste auch: Aus dem kann was werden.

Ihnen fiel alles leicht?

Nichts fiel mir leicht. Aber ich war ungestüm und konnte mir auf der Bühne alles leisten. Wenn was danebenging, hieß es besänftigend: Na ja, der ist noch jung. Übers bloße Spiel hinaus hatte ich kaum große Gedanken – obwohl: Das stimmt und stimmt auch wieder nicht. Wir spielten »Die Letzten« von Gorki, und ich schrieb für die konzeptionelle Vorarbeit den Hauptartikel. Ich hab den vor kurzem in meinem Archiv wiederentdeckt.

Stimmt es, dass Sie ungern hörten, Sie seien talentiert?

Talent ist eine Voraussetzung. Dahinter erst beginnt der Beruf. Ja, ich war beleidigt, wenn ich noch weit jenseits der frühen Jahre über mich las: Er ist hochbegabt. Hochbegabung ist keine Leistung. Die Frage ist, was mache ich daraus.

Kürzlich sah ich im Fernsehen »EINSgegenEINS oder ICHHAbRECHT« – ein Brecht-Programm von Ihnen und Ihrer Tochter Johanna. Premiere hatte es 1997. Die Zeitschrift »Die deutsche Bühne« schrieb: »Clown und Pierrot machen auf der rot ausgeschlagenen Bühne aus drei Brecht-Stücken eines, nehmen sich hier zwei Zeilen, dort drei – und wenn der Pierrot singt: ›Du bist doch nur mein Vater, nur keine Noblesse, nur eines in die Fresse‹, hält der Clown sich schon vorsorglich den Kopf. Was Wunder, steckt doch im schlabbrigen Spaßmacher-Kostüm Ekkehard Schall, und der Pierrot entpuppt sich als seine Tochter Johanna. Fernab der Mythen und Schatten des Berliner Ensembles ziehen die beiden mit ihrem hinreißenden Brecht-Programm durchs Land. Mit Lust und Tücke, Können und Kenntnis haben sie das Werk des Schwiegervaters respektive Großvaters B. B. geplündert ...«

Wir waren in vielen deutschen Orten, kleinen wie großen.

Ich wollte Sie prononciert nach den kleinen Orten fragen. Tut es nicht weh, wenn einem durch den politischen Wechsel der Zeiten auf der großen Bühne im Grunde ein Alterswerk verweigert wird, das sehr gewichtig hätte werden können?

Ich bin dort glücklich, wo sich ein Vorhang hebt und ein Publikum erwartungsvoll auf die Bühne schaut. Vielleicht habe ich ein so dankbares Empfinden auch für die Provinz, weil ich die große Welt zu Zeiten kennengelernt habe, als dies noch ein unschätzbar großes Privileg war. Ein Privileg, erworben freilich durch unverwechselbare Arbeit. Unter solchen Verhältnissen prägt sich manches tiefer ein und kann nicht beschädigt werden durch kleinliche Umstände.

Also keine Schmerzen über den Gang der Dinge?

Schmerzen, die kann letztlich kein Mensch erfolgreich von sich abwenden. Aber ich leide nicht daran, dass der sogenannte Ruhm nicht in Marmor ritzt, sondern am Strand entlang läuft und in den Sand schreibt. Häng dir ein Lob übers Bett und es wird grau und unansehnlich wie mit den Jahren die ganze Tapete. Lob altert schneller als jede Tapete.

Der Ruhm. Er bleibt doch aber unbestreitbar ...

Das sagen Sie so leichthin.

Ja, wieso nicht?

Nichts war unbestritten. Ich war reich verheiratet, ich war tief verstrickt ins DDR-System, ach ja, und dann war ich außerdem noch Schauspieler – sehr oft gab es genau diese abwertende, abfällig gemeinte Reihenfolge! Als ich mit Barbara ging (wie man damals so landläufig sagte), in unseren ganz frühen gemeinsamen Zeiten, da knufften mir Kollegen zwinkernd und anerkennend in die Seite: Mann, Ekke, du hast es geschafft, du hast es gut getroffen, du hast dich, mit Brechts Tochter, ins gemachte Nest gesetzt. Die glaubten mir nicht, dass ich zunächst gar nicht begriff, was sie meinten. Aber es hat mich genauso geärgert wie das fortwährende Argumentieren der Kritiker mit meiner Jugend. In dem, was ich tat, war ich nämlich immer der Jüngste – bis zu dem Zeitpunkt, da ich vierzig war. Der berühmte englische Kritiker Kenneth Tynan kam nach Berlin ins BE, er schrieb über uns, schrieb auch, er habe Schall gesehen, und er staunte: Ich sei noch nicht mal dreißig! So ging das jahrelang. Die Leistung immer in Relation zum Alter, so, als umgebe man mich mit einem gewissen Schutzmantel. Man gab mir Kredit. Es war schön, gewiss, aber zugleich eben auch beleidigend. Entzückt war ich darüber nicht. Eines Tages fiel mir der Satz ein, der sich bewahrheiten sollte: Ich habe Angst vor dem Tag, da ich ernst genommen werde.

Wieso eigentlich hieß Ihre Frau, Barbara Brecht, eines Tages Barbara Berg?

Als Barbara Brecht konnte sie nicht auftreten, als Barbara Weigel auch nicht. Also suchte sie sich ein Pseudonym. Der Hans-Joachim Teege spielte im »Hofmeister« den Freiherrn von Berg – und Barbara war verliebt in den Teege. So wurde sein Rollenname ihr zweiter Nachname.

Was sagte Brecht zu Ihrer Liaison?

Barbara und ich waren zusammen im Zimmer, in Buckow, er stand vorm Fenster und befahl mir: »Lassen Sie sofort meine Tochter raus!« Die Weigel hat mir später erzählt, dass er auf die Nachricht, Barbara sei schwanger, sehr erschrocken reagiert habe: Sie sei doch selber noch ein Kind! Da war Barbara zweiundzwanzig.

Ruhm. Sie sagten eben: ein Schreiben im Sand. Wenn es so ist, was war das dann für Sie: Erfolg?

Spaltung. Spaltung des Publikums.

Offene Spaltung?

Ja. In der DDR war dies leider nicht wirklich möglich, weil unterschiedliche politische Auffassungen nicht öffentlich diskutiert werden durften. Als wir »Die Mutter« in Paris zeigten, buhte ein Teil der Zuschauer beim »Lob des Kommunismus«, der andere Teil johlte vor Begeisterung. Da spielte sich kommunistischer Fraktionskampf ab. So etwas nenne ich: Erfolg. Helmut Baierl, damals Dramaturg am BE, hat das beschrieben: Die Weigel guckte durchs Vorhangloch und sah im Parkett die Brillanten blitzen, Kolliers und Nerze. In einem seiner

Bücher zitierte Baierl die Weigel: ›No, die Ausgebeuteten, ihr Hornochsen, und die sitzen wo? Auf der Empore, wo die billigsten Plätze san, denn hier in Frankreich hammr zur Zeit noch die klassischen Ausbeuterverhältnisse, studiert sie, ihr Hammeln!‹ Die Prinzipalin spielte ihre Rolle voller harter Behutsamkeit, war zart wie Kristall ...«

(Zu Hause schlage ich das Büchlein auf, aus dem Schall zitiert hatte, »Die Köpfe oder Das noch kleinere Organon« aus der edition neue texte des Aufbau Verlages, 1974. Baierl. Der Politiknik im selbsternannten Poesieauftrag. So las es sich oft, so sah es sich meistens an auf den Bühnen. Aber was er übers besagte Pariser Gastspiel mit der »Mutter« schrieb, hat Eigensinn und trifft wohl sehr den Ton dessen, was damals den Geist des BE prägte. »Der Darsteller des Sohnes der Matka hatte einen Song darüber, dass den Ausgebeuteten alle Brutalität bei der Unterdrückung der Ausgebeuteten nichts nützen würde, eines Tages seien sie dran. Noch mehr Buhrufe! Noch mehr Beifall von der Empore! Ich sehe, an einen Pfeiler am Rand des Zuschauerraumes gelehnt, noch heute vor mir, wie unser junger schauspielerischer Kopf (Hilmar Thate, H. D. S.), als das Buhrufen kam, beinahe erschrocken aufzuckte, wie seine Augen aufblitzten, als die Empore losklatschte, und wie er dann, sich gleichsam einen Ruck gebend, zu singen anhob, was heißt hier singen, wie ein siegreiches Fanal war seine Stimme, füllte das Theater bis in den letzten Säulenwinkel. Ein Lächeln auf dem Gesicht, sang er für die Emporen, die nicht Emporen bleiben sollten, und für die Kolliers gegen die Kolliers. Er bekam einen frenetischen Beifall. Die Emporen barsten beinahe. Aber auch die Kolliers klatschten hingerissen. Oh, mächtige Mutter Kunst, was kannst du, wenn du in den Kampf gehst, den klassenverändernden, wenn dein Feuer selbst die errötet, die darin umkommen sollen! Und wie nur schön und ein bisschen träge bist du doch denen gegenüber, du Undankbare, die dich befreien und schon das Leben verändern. Nichts da, Kunst braucht Menschen, Herrschaften, die sich erregen können und die sie erregen kann.« Ein Kleinstessay über Sinn und Schicksal, Glanz und Elend des sogenannten politischen Theaters.)

Wir sprachen über den Brecht-Abend mit Johanna Schall. Worin lag der Reiz, ausgerechnet mit der eigenen Tochter auf die Bühne zu gehen?

Der Reiz lag im Risiko. Das von Ihnen erwähnte Programm bediente kaum Erwartungen. Es wurde geboren aus Zweikämpfen zwischen mir und Johanna.

Zweikämpfe?

Sie ist eine kräftige, dominante, gebildete Person. Und sie hatte eine geraume Weile ein schwieriges Los: Sie musste sich dauernd – und zwar unerbeten! – alle möglichen Meinungen über ihre Eltern anhören. Beileibe nicht nur angenehme Meinungen. Der Großvater Brecht, die Großmutter Weigel, die Mutter Barbara, der Vater dieser Schall – für ein Kind ist das mitunter nur schwer zu ertragen. Ich liebe meine Kinder, und meine Kinder lieben mich – aber natürlich entwickelte sich aus dem beschriebenen Prominenz-Problem, dem speziell Johanna ausgesetzt war, eine gewisse Abwehrhaltung bei ihr, eine gewisse Konfliktbereitschaft. Bei der Arbeit am Programm war sie friedlicher als jemals sonst im Leben. Was ich mit Zweikämpfen meinte, war eine reine Arbeitshaltung, sie hatte Lust, sich mit mir zu streiten.

Worüber zum Beispiel?

Ich wollte unbedingt den Gedanken des Klassenkampfes ins Spiel bringen, der sich mit dem Ende der DDR, mit dem Ende der sozialistischen Welt doch keinesfalls erledigt hatte. Ich wollte singen von Revolution, erzählen von eingreifender Gewalt, von Tanks und Kanonen in der Hand der historisch immer schon Gerechtfertigten: nämlich der Ausgebeuteten. Johanna war dagegen, sehr strikt sogar, sie sagte, ich solle mich doch bitte nicht lächerlich machen. Natürlich wehrte ich mich, natürlich würde ich mich durchsetzen, natürlich hatte sie recht, natürlich gab ich nach. Es ist ja wahr: Ich kann singen, dass die Herrschenden zu bekämpfen, zu bekriegen, zu vernichten seien – ich kann es aber nicht so singen, als gehe es um die Forderung des Tages. Ich kann zwar so denken, und ich denke tatsächlich so, aber wenn ich eine Bühne betrete und derartiges äußere, geht das derzeit, in so restaurativer Ära, nur im Rahmen einer Stückfigur, die das in einer anderen historischen oder fiktiven Situation behauptet. Mit Kraft und Entschiedenheit und Sympathie kann ich klasssenkämpferisch sein, bitteschön, aber ich muss es doch mit einem gebotenem Einschuss an Verzweiflung sein - darüber, wie sich die weltpolitischen Dinge entwickelten. Posaune ich mein ungebrochenes Klassenbewusstsein als Ekkehard Schall hinaus, werde ich wohl als ewig Gestriger belächelt. Im günstigsten Falle: belächelt.

Theaterkünstler wirkten 1989 mit, den Menschen in der DDR Mut für einen protestierenden Gang auf die Straße zu machen. Ihr Publikum ging also hinaus, nur mussten die in den Theatern bald erkennen, dass dieses Publikum nicht wieder zurückkehrte in die Häuser der Kunst – die Leute erwarteten offenbar von Ihnen keine Vorschläge mehr für die akute Situation ihres Lebens.

Ich habe eine ganze Weile gebraucht, um zu begreifen, was geschehen war. Ich hatte zum Beispiel einen Brecht-Abend vorbereitet, der sollte im Oktober 1989 herauskommen, die Premiere verzögerte sich, sie fand erst im Dezember statt, und es erschreckte mich zutiefst, wie überflüssig der Abend plötzlich geworden war. Das Richtigste kann über Nacht zu etwas werden, das wie das Falscheste wirkt. Wahrheit, obwohl sie Wahrheit bleibt, kann unversehens die Gestalt einer nutzlosen Wahrheit annehmen. Einer Wahrheit im Wartestand.

Sie sprachen vom Klassenkampf, von der Treue zu einem gelebten politischen Vokabular. War es für Sie logisch, ohne Umstände von der SED in die PDS zu wechseln?

Ich war in der PDS, ja. Ich wollte auch unbedingt drin bleiben in dieser Partei. Aber ich musste an einem bestimmten Punkt erkennen, dass ich auf eine anderweitige, irgendwie abseitige Art Genosse geworden war, die mir jetzt im Wege stand. Literaturerlebnisse hatten mich auf den Weg gebracht: Weinert, Majakowski, Éluard, Hikmet, Neruda, viele andere Dichter, also nicht nur Brecht.

Das »Lied vom Klassenfeind« als Bibel. Da gibt es ein schönes Gedicht von Albert Ostermaier, »face fatzer« heißt es: »solang der regen nicht zurück / kehrt nach oben die wunde / noch als narbe schmerzt / der himmel blass in jod / die wolken tränkt & und mit / den engeln kokst bis er / vergisst & und mir vor angst / auf meine schuhe pisst / solang der mond noch / voll ist wie die welt & und man / bevor sie schlecht sind / menschen schlachten / kann solang werd ich nicht / fertig sein mit euch & und dem / regen mein abc einpauken«.

Ich war in meinem Leben verlässlich »verdorben« worden durch kämpferische Kunst, ich maß die Realität an den Möglichkeiten all der großen Texte, die durch mich hindurchgegangen waren. Ich spürte in mir, nach diesem Herbst 1989, mehr und mehr ein Unvermögen zur realpolitischen Einsicht. Und ich maß auch die Partei nach der Art, sich zu bestimmten Dichtertexten in Beziehung zu setzen.

Ist natürlich eine fragwürdige Auffassung, wo es um die Bewältigung des praktischen politischen Alltags geht.

Solche Rücksicht interessierte mich aber nicht, ich sah und erlebte nur: Mit keinem meiner weltanschauungsgeprägten, unbestechlichen Texte hätte ich noch für diese PDS agitieren können. Sie veränderte sich, sie wand sich, sie taktierte – ich aber wollte mich nicht winden. Sie probierte Opposition in Tateinheit mit Assimilation – nicht mein Ding. Diese Partei engte sich ein, nahm zurück, um teilzunehmen – ich trat aus.

Wäre die Kommunistische Plattform nicht möglicherweise eine politische Heimat für Sie gewesen?

Das stimmt. Aber es hatte sich zu einem bestimmten Zeitpunkt, gesellschaftlich und auch in der Partei selbst, eine Atmosphäre herausgebildet, bei der man das Bekenntnis zur Kommunistischen Plattform werten musste wie eine Art Illegalität. Nee.

In einem Text für Volker Braun haben Sie geschrieben: »Politisch war er immer auf der Höhe der Zeit, auch wo er hoffnungslos falsch lag und seine

Hoffnung ohne jeden Bezug war. So erinnere ich mich eines letzten Gesprächs unter Gleichgesinnten, in dem er das Rätesystem als Möglichkeit beschrieb, eine andauernde revolutionäre Anwesenheit zu gewährleisten.« Was Sie übers Lied vom Klassenfeind sagten, ist ja auch: Hoffnung ohne Bezug.

Ja. Aber schön, dass Sie Braun erwähnen. Es gibt Gedichte, die gehören zur Kultur des eigenen Ichs wie die Luft, die man zum Atmen braucht. Ich glaube, Hölderlins »Hälfte des Lebens« und Uhlands »Guter Kamerad« habe ich schon erwähnt in unseren Gesprächen. Erwähnen müsst' ich noch »Thränen des Vaterlandes / Anno 1636« von Andreas Gryphius oder Rilkes »Panther«. Ein fortwährendes Ergriffensein. Zu diesen Dauerschätzen für mich zählt auch Volker Brauns »Da bin ich noch: mein Land geht in den Westen.«

Eine Hymne ostdeutscher Trauer und utopischen Trotzes, hauptsächlich wohl, weil in ihm solche Zeilen vorkommen: »Mein Eigentum, jetzt habt ihrs auf der Kralle / Wann sag ich wieder MEIN und meine alle.« Man merkt immer am besonders zustimmenden Beifall die wohltuend wundpflegende, bekräftigende Wirkung dieser Verse.

Aber ein entscheidender Satz im Gedicht ist doch dieser: »Ich selber habe ihm den Tritt versetzt.« Unser Elend der Stagnation.

VIERTES GESPRÄCH

*Wir sind nicht klüger,
nur weil wir später leben*

HANS-DIETER SCHÜTT: *Ekkehard Schall, ich danke Ihnen für die Gespräche, die ich mit Ihnen führen durfte. Sie sind ein Großer des deutschsprachigen Theaters. Sie sind es, und dennoch ist man geneigt, sagen zu müssen: Sie waren es. Die Vergänglichkeit des Spiels, die zum Alltag Ihres Berufes gehört, sie hat auch einen sehr grausamen Moment von Wahrheit: Brecht, Berliner Ensemble, DDR – vorbei. Ein neues Jahrtausend, neue Zustände. Fällt Ihnen das Leben unter den obwaltenden Umständen leicht?*

EKKEHARD SCHALL: Ich kann auf jeden Fall ohne Theater auskommen.

Der Satz kann bitter gesagt werden.

Ich sage ihn keinesfalls mit Bitternis.

Vor über dreißig Jahren haben Sie etwas geschrieben und veröffentlicht ...

Ja?, zeigen Sie mal.

Hier.

Schall liest vor: »Worüber ich schreiben müsste (beziehungsweise was ich zu Ende denken müsste): Über den Alkohol und seine Gefahr für mich. Über die Wichtigkeit, sich auf Gesellschaft und Staat einzustellen. Über das, was ich beim Spielen lerne. Über die Persönlichkeit, wie sie wächst, ohne andere zu schädigen oder sich selbst zu schädigen. Über das moralische Leben und meine prinzipielle Ablehnung demgegenüber. Über den Beruf, damit er nicht überhandnimmt und die Existenz angreift. Über die ökonomische Lebensweise und die Disziplin, die sie erfordert. Über die Sexualität und ihre konkrete Universalität im Leben. Über die Vorzüge des idyllischen Lebens und den Schoß der Familie. Über mich und was mich von anderen Menschen trennt. Über die Ehrlichkeit sich selbst gegenüber. Über den Genuss und die Anstrengung. Über das Sterben und den Tod.«

Gelten die Themen heute noch?

Alles gilt, was als Problem bleibt. Und wenn man an Problemen interessiert ist, lassen Fülle und Lust nicht nach.

Lust woran?

An den immer gleichen Problemen. *(Lacht.)*

Wie ist es mit der erwähnten Wichtigkeit, sich auf Gesellschaft und Staat einzustellen?

Ehrlich gesagt, ist meine Lust daran inzwischen am geringsten. Das war in anderer Weltsituation, vor besagten Jahrzehnten, anders. Von der Literatur wird oft gesagt, sie verteidige das Individuum gegen Staat und Gesellschaft. Mich hat stets eine Literatur interessiert, in der auch Staat und Gesellschaft (oder konkreter: eine humane Staats- und Gesellschaftsidee) Ansprüche an den Einzelnen stellen. Mich interessieren die Probleme, die eine Gesellschaft mit den zögerlichen, zaudernden Individuen hat, nicht nur die Probleme, die der Einzelne mit der Gesellschaft ausfechten muss. Es gibt eine Kraft, sich herauszuhalten, und es gibt eine Kraft, sich in etwas hineinzugeben. Zweitere Kraft ließ mich ins Leben finden. Und lustvoll darin bleiben. Das hatte natürlich mit der sozialistischen Gesellschaft zu tun, die aber als Insel zu schwach gegen das Meer war, in dem nun vielen das Wasser bis zum Hals steht. Ich halte nichts von den Spiegelglasfestungen, in denen das bürgerliche Individuum nur immer sich selber begegnet.

Fazit: Was machte es so schwierig mit Ihnen?

Was heißt schwierig? Ich war darauf bedacht, die Vorlage der Autoren, aber auch der Regisseure zu akzeptieren. Aber ich will dabei immer den Freiraum, das Meinige zu zeigen. Kunst, die man nicht für sich selber macht, geht auch keinen anderen was an.

Einigen galten Sie als autoritär.

Wenn die Wellenlänge stimmt, auf der man geistige Signale aussendet und empfängt, bin ich pflegeleicht wie kein zweiter.

Nur die grundsätzlichen Fragen müssen in Gleichgesinntheit geklärt sein, alles Weitere ist dann Abenteuer und Streit mit harten Schädeln. Aber: Man bietet einander die Stirn, wie man Freundschaft anbietet.

Immer wieder haben Sie darüber geschrieben, was Sie in Ihren Rollen für sich selber lernten. Nehmen wir willkürliche Beispiele: der Rigaud in »Die Tage der Commune«.

Ich lernte, dass das Warten auf den Kampf nicht das Warten auf die Niederlage sein darf. Und dass das Programm der Menschlichkeit keine Menschenleben fahrlässig gefährden darf – auch nicht auf der eigenen Seite.

Der Galilei.

Ich lernte, dass die Größe eines Menschen auch die Größe bestimmt, mit der er seine Größe missbraucht. Und Wissen kann nicht ohne Rücksichtnahme auf Menschen bewertet werden.

Wenn das Neue den Menschen schadet, muss es neu bewertet werden?

Ja. Das betrifft nicht nur Wissenschaftler, sondern jeden, der öffentlich mit Vernunft umgeht.

Und Coriolan?

Ich lernte, dass ein großer Führer nur so groß bleibt wie sein Nutzen für das Volk, und dass ein Staat mit demokratischen Regeln, die durchzusetzen Mühe und Opfer gekostet hat, jeden verurteilen muss, der sie nicht einhält oder sie abschaffen will.

Sie haben im Zusammenhang mit dieser Rolle geschrieben: »Eine Entscheidung fürs Leben, die man nur einmal trifft, noch dazu eine falsche, die in den Abgrund führt, das ist der Stoff, aus dem Szenen gemacht sind, die ich liebe.«

Coriolan steht für die Tragödie des ausschweifenden Stolzes, nicht: des eingeschränkten Stolzes. Otto Brahm schrieb vom »Wesensadel« dieses Mannes. Das abzubauen, das war unser

Sinn. Wir wollten ihn als Produkt der Verhältnisse zeigen: Er agiert als Aristokrat, gegen die Plebejer, gegen die Volkstribunen.

Er ist ein Snob.

Aus Klassenbewusstsein.

Was haben Sie beim Bauer Gau Dsu in Volker Brauns »Großer Frieden« gelernt?

Ich lernte, dass der Abstieg in den Verrat nur eines ersten Schrittes bedarf, den die Unüberlegtheit lenkt und zulässt, aber manchmal auch falsch verstandene Menschlichkeit, und dass der Frieden mehr ist als die Zeit zwischen den Kriegen.

Azdak im »Kaukasischen Kreidekreis«.

Ich lernte, dass auch Witz und Schlauheit die Unterdrückung bekämpfen können (ach, der Phrasendrescher Schall!, wird es jetzt heißen). Ich glaube, Entscheidungen auf dem Theater wie im Leben ist nur auszuweichen, wenn man wenig will und sich undeutlich ausdrückt. Aber wir wollten doch viel: Die Freundlichkeit der Welt muss möglichst jeden erreichen (ich weiß, es gelingt nicht, aber ich träume es trotzdem, und je mehr es träumen, desto mehr positive Schwingungen erfüllen die Welt, daran glaube ich). Der Mensch braucht Geborgenheit, die Genüsse, die Sicherheit und trotzdem mehr und mehr Freiheiten. Brecht war kein Illusionist, er wusste, wie die Welt beschaffen ist. Er beschrieb die Ungerechtigkeit der Welt so genau, wie sie nur jemand beschreiben kann, der weiß, dass diese Ungerechtigkeit jederzeit in der Lage ist, zurückzuschlagen.

Wie leben Sie am liebsten?

Wuchernd und ausschweifend – auch in der Zurücknahme, wenn überm See die Sonne lacht.

Brecht sprach von den Genüssen am Morgen.

Es sind damit vor allem Buckower Freuden gemeint. Die kenne ich auch zur Genüge. Nein, nicht zur Genüge. Es genügt mir nie. Genussvoll ist für mich auch die kürzeste Verbindung zwischen zwei Hustenanfällen: ein tiefer Zug an der Zigarre, wenn man noch schwankt zwischen Schlaf und Sehnsucht.

Das klingt nach Balance. Wie steht es mit Hoffnungen?

Stets ist vieles möglich, aber wir streifen das Mögliche nur immer flüchtig. Und die Schatten werden langsam länger als das Leben, das vor mir liegt.

Worin besteht Lebenskunst?

Dass man die Lage begreift, dies aber nicht zu früh gegen das eigene Handeln verinnerlicht. Das Handeln, das manchmal auch ein Handeln wider die Vernunft bleiben muss, um ein Gefühl von Genuss zu vermitteln.

Was ist Vernunft?

Das Ideal und der große Kerkermeister.

Ihre derzeitige Gemütsverfassung?

Wetter gut. Sicht gut. Sterben heißt jetzt: Schönheit, Schönheit heißt: mit vielem einverstanden sein, was die Natur der Dinge betrifft. Der Sprung ins Wasser hier ist wie der Sprung an den Hals einer Fee und drei eiskalte Wünsche, die mich wärmen. Die Lust, die mein Leben ausfüllt, ist wie ein sanfter Wind, der vom wunderschönen See vor den Augen herweht. Dazu ein Tisch, auf dem sich herrlich schreiben lässt. Ich meine eine Pflicht zu spüren, das bei Brecht Gelernte weiterzuerzählen. Die Zeugen dessen gehen unaufhaltsam von der Welt. Ich hab's erlebt, was will man mehr.

Überall bei Ihnen in der Wohnung: der Eindruck eines erzählenden Archivs.

Sagen Sie ruhig: Museum. Da drüben ist das kleine Harmonium, das Brecht gehörte – an dem Instrument brachte er mir für »Winterschlacht« die Metrik von Versen bei. Wir übten Johannes R. Becher an Hölderlin-Texten – mit Bechers eigenen Versen ging's nicht wirklich.

(Barbara Brecht-Schall ruft herein: »Mit einem Finger hackte Papa auf dem Ding rum.«)

Überall Papier, Materialien, das eigene künstlerische Leben dokumentiert, archiviert, protokolliert ...

Ich bin ein leidenschaftlicher Sammler, ich überfordere meine Mitwelt – also meine Familie – derart mit Zeitungsausschnitten und anderen Ordnern voll Papier, dass ich dauernd sehen muss, wie die Augen meiner Frau und meiner Töchter blitzen. Voller Vorfreude darauf, den gesamten Krempel, den ich für bedeutungsvoll halte, nach meinem Tode gnadenlos erleichtert zu verbrennen.

Schlimm?

Nein.

Nein?

Wirklich: Was von mir bleibt, interessiert mich nicht. Wir haben über Ruhm geredet. Ich sammle aus Lust, damit das Jetzt zu füllen, mir die Stoffe meiner Lebenszeit bewusst zu machen.

Sie werden nicht traurig beim Schiller-Satz von der Nachwelt, die dem Mimen keine Kränze flicht?

Der Satz ist für mich eine kalte klare Wahrheit. Ich weiß, andere fühlen da anders. Der große Ernst Busch legte mir traurig die Hand auf die Schulter und sagte: Da habe ich nun ein Leben lang als Künstler gekämpft und gestritten und gesungen und gespielt – aber Applaus kommt nun bloß noch von den Alten, die Jungen kennen nicht mal mehr meinen Namen. Und Helene Weigel hatte nach dem Krieg Glück mit der »Courage«, sonst hätte auch keiner mehr gewusst und erfahren, was dies für eine große Schauspielerin war. Die Zeit vergeht nicht einfach, sie geht über uns hinweg.

Noch einmal die sogenannte Wende 1989 – eine Tragödie für Sie?

Nein, es war so etwas, was ich Ihnen in Bezug auf die Weigel und die Carrar-Proben erzählte. Eisern kommt, was keiner erwartet. Der Umschlag ins Neue bereitet sich in Untergründen vor. In »Dantons Tod« von Büchner gibt es die Szene, da der eine Bürger dem andern über die Pfütze hilft. Denn die Pfütze könnte das Loch sein, das alles verschlingt. Man könnte sagen: Die Überraschungen sind das Gesetzmäßige. 1989, das war ein Bruch. Aber er hat nicht an meiner Lebensqualität und Lebensfreude gefressen.

Brechts Leben in der DDR. »Bleiben werd ich, ohne Zukunft / arbeiten im alten Sinn«, so haben Sie über des Dichters Ankünfte in der neuen Zeit geschrieben, in einem Gedicht. Aller Widerspruch auf kleinsten Wort-Raum gepackt.

Ja! Aushalten das Neue, auch wenn es Hoffnungen enttäuscht, aber: im Werk, das sich vollenden will, doch trotzdem den Ursprüngen treu bleiben. Darum geht es. Das ist die Kraft, die aufzubringen ist gegen alle Stimmen des Pragmatismus. Der stets die besseren Karten hat, aber doch das miesere Spiel spielt.

Sie schreiben in Ihren Gedichten von Brechts Leben »zwischen Denkerzucht und Hirschbrunft«: das Wilde und die Vernunft, der Zwang der Einsichten und der Drang der Leidenschaften.

Aber sage man nicht immer so leichthin, dies sei bei Brecht stets wundervoll zusammengegangen. Was er zu verbinden, was er an Gegensätzen zu vereinen wusste, das ist doch wohl weit öfter öffentlich geworden als das, was ihn im Innersten zerriss und zerrieb.

Was war männlich an Brecht?

Gute Frage. Vielleicht die Abwehr von Verehrung. Wahre Verehrung greift bekanntlich am härtesten an – denn man will ja als Kämpfer kenntlich werden, nicht als Liebender. »Aus schwarzen Wäldern kommend seinerzeit:/ Ein Menschenfresser ohne Arg und Harm./ Viel Lust an Frauen. Und Genuß am Streit./ Verlässlich aber, dass es Gott erbarm.« Schrieb Günter Kunert.

Volker Braun meint, selbst Brecht wäre angesichts heutiger Zustände wohl die Zigarre ausgegangen.

Nach uns, schrieb Brecht, käme nichts Nennenswertes. Ich habe auch darüber geschrieben: »Bei den Erdbeben, die wir hervorriefen / In den auf Sand gebauten Staaten. / Der Sozialismus geht, und Johnny Walker kommt. / ... / Es ist gekommen, das nicht Nennenswerte.«

Sie haben ein Leben lang an einem Staatstheater gearbeitet. Heute wird der Begriff, im Blick auf die DDR, gern missachtend gebraucht.

Man soll bei derartigen Diskussionen nicht unterschlagen, welche Ware man zu welchen Preisen an wen verkauft. Der Staat DDR ist wesentlich an seiner Ökonomie zugrunde gegangen, aber die Theater waren ein Angebot, geistvollere Möglichkeiten des Lebens aufzuspüren, durch sämtliche soziale Schichten hindurch. Ich habe in aller Welt gespielt, aber ich kann nicht sagen, unsere regelmäßigen BE-Reisen zu Arbeitern nach Bitterfeld seien lästige Pflicht gewesen. Die Brigaden, die von dort an unser Theater kamen, galten uns als Partner. Davon ist das Burgtheater Wien frei. Gratulieren dazu würde ich ihm nicht unbedingt. Es gibt eine Freiheit von etwas und eine für etwas. Die Freiheit, sich in der Berufsausübung für Arbeiter zu interessieren, empfinde ich nach wie vor als hochstehend. Hochstehend wie das Bemühen, noch in der Agonie die geistigen Räume zu erweitern. Manfred Wekwerth hat den »Großen Frieden« von Volker Braun inszeniert, obwohl keine Genehmigung des Kulturministeriums vorlag; die Aufführung wurde vom DDR-Fernsehen aufgezeichnet, eine Ausstrahlung aber fiel der Erschrockenheit der Funktionäre zum Opfer. Ich selber habe als Erster in der DDR Samuel Beckett herausgebracht, »Das letzte Band«.

Kraft Ihres Namens?

Na und? Gibt es eine schönere Kraft, die ein Name ausstrahlen kann?

Hat Sie nicht nachdenklich gemacht, dass nach der Biermann-Ausbürgerung mehr und mehr Künstler die DDR verließen?

Das diskutiere ich nur an ganz konkreten Fällen. Abgänge in den Westen sind arg instrumentalisiert worden. Aber nicht jeder ging doch rüber, weil für ihn die Gefahr an Leib und Leben hier in der DDR übergroß geworden war. Freiheitsträume sind verständlich, aber nicht immer lag, wenn einer im Westen arbeiten durfte, ein eminent politischer Anlass vor. In keiner Lage des Lebens sind bei deren Bewertung die Egoismen zu vernachlässigen. Kleine oder große Egoismen.

Sie kommen aus einer Epoche, da die Theater stärker als heute aus dem Zentrum der Kunstausübung herausgeführt wurden. Der Intendant war oft genug einer, der selber inszenierte. Leitung bedeutete noch nicht die Not eines ganz eigenen, weitverzweigten Logistik-Unternehmens, das die künstlerischen Berufe zu »nachschaffenden« Tätigkeiten macht.

Zu den höheren politischen Stellen ging man unter sozialistischen Verhältnissen mit Textbüchern, nicht mit dem Taschenrechner. Ich meine, dies muss beim Rückblick auf die DDR als unbedingte Tugend ins Streitfeld geführt werden. Nunmehr regiert an Theatern zumeist der Manager. Also der Marktkundige, der Marktwitternde, der Marktwerttaxierende. Die Attraktivität dessen, was auf der Bühne geschieht, muss Eventgarantie bieten. Das Sperrige wird sofort als Geschäftsrisiko entlarvt. Das Kaderkarussell bei den Intendanten dreht sich in geradezu panischem Tempo. Die Zeit, um wirklich etwas aufzubauen, um also aus Grundierungen einen soliden Bestand werden zu lassen, hat im Betriebssystem kaum noch Würde und Chancen. Die Gesichter wechseln, ehe sie welche werden können. Jung und Alt durchmischen sich so, als sei man unsicher miteinander.

Mobilität und Flexibilität durchjagen die Kunstausübung und halten sie in einem ungesunden Zittern.

Und beim Einriss des Alten geht alles sehr rasch, das ist an jedem Intendantenwechsel zu studieren: neue Leute, neues Marketing, sogar Umbenennung der Spielstätten. Wurzeln schlagen, das ist schwere Arbeit, wenn man mehr will, als alles nur anders zu machen.

Zum Schluss: Welche Kindheitsbilder gehen Ihnen jetzt, wenn ich Sie danach frage, spontan durch den Kopf?

Viele, weil ich gerade jetzt an einem Buch herumgrüble, das sich mit Bildern befasst, die aus meinem Leben auftauchen, oder ich rufe sie herbei. Also: die Fahrten mit dem Fahrrad, es hatte Holzfelgen, von Kneipe zu Kneipe, ich fuhr die Zigaretten der Firma Schall aus. Ein Kino hieß »Walhalla«, das klang so heldenhaft germanisch. Das Schlimmste war, was mit der Nachbarsfrau geschah, »Oma Gebser« nannte ich sie, liebevoll, sie war katholisch. Eine Jüdin. Als die Bombenangriffe kamen, durfte sie nicht mit in den Luftschutzkeller. Eines Tages, es war Schulschluss, ich rannte freudig die Treppe hoch, da kam sie mir entgegen, zwischen Schwarzuniformierten. Mit einer Art Reisetasche. Ich rief ihr zu und nach. Sie kam, so erfuhr ich bald, nach Theresienstadt. Keiner der Nachbarn hat sich von ihr verabschiedet. Geschlossene Türen. Oder harte Gesichter, die auf den Treppengang stierten.

Lesen Sie mir eines Ihrer Gedichte? Aber bitte auch das ganz spontan, also das, was Ihnen gerade einfällt.

Ende ist endlich
wie eine Perle
es bleiben übrig
Weiber und Kerle.

Einzig bleibt übrig
nur ein Gesicht
es treiben weiter
Wolken vors Licht.

Glauben Sie nach wie vor an die Kraft der Aufklärung?

Ja. Aber Aufklärung ist nicht Findung, sondern Suche. Bleibt Suche. Wir sind nicht klüger, nur weil wir später leben. Wer von sich meint, mit der Pflicht zur absoluten Wahrheit geschlagen zu sein, der schleppt eine Last, der produziert nur noch laute Angestrengtheiten. Das Unanfechtbare drückt nieder.

Was bleibt?

Die Antwort darauf hängt immer von der Tagesform der Welt ab. Und von der eigenen.

Heute ist ein heiterer Tag.

Also antworte ich besonders realistisch: Bleiben werden Autos und Stacheldraht. Über meinen lebenslangen Drang habe ich geschrieben, hier steht's: »Ich war in vielem Jüngster und der Erste als Jungzugführer und dann im Beruf. Als ich das nicht mehr war, begann die schwerste Bewährungsphase: Ich sollte ein Huf vom Pferd nur sein und nicht das ganze Ross. Es wurde dadurch viel mehr Arbeit ...« Es ist die schwere Arbeit, sich selbst zu relativieren, ohne klein und kleinmütig zu werden.

Ekkehard Schall, was gilt Ihnen im Leben mehr, die List oder der Mut?

Das kann ich nicht beantworten. Mir fällt George Tabori ein. Er betrachtete so gern die Totenmaske von Brecht – ein Gesicht, das in ihm den Eindruck erweckte, es habe für jedes Problem eine Lösung gefunden.

Ekkehard Schall als Coriolan, Berliner Ensemble

STIMMEN AUS DER NÄHE

HEINER MÜLLER

STEPHAN SUSCHKE

BARBARA BRECHT-SCHALL

HILMAR THATE

JOHANNA SCHALL

HEINER MÜLLER

SCHALL CORIOLAN

Wenn ich ein Landgut hätte wie Vergil und andre
Oder einen Mäzen wie Horaz der mich aushält
Oder die Gabe aus Scheiße Gold zu machen
Würde ich ein langes Gedicht schreiben Schall
Über den größten Schauspieler den ich gesehen habe
Aber ich muß mein Stück schreiben
Damit ich meine Schulden bezahlen kann und ich muß
Meine Schulden bezahlen damit ich meine Stücke schreiben
    kann
Ein krummer Hund der sich in den Schwanz beißt
Ich habe keine Zeit auf die Proben zu kommen
Angewiesen auf das allen Erreichbare also
Mittelmäßige Fotografien von THEATER DER ZEIT
So zwischen schlecht fotografierten Hamlets
Jeder zehnmal mehr Hamlet als Hamlet
Sie hantieren mit ihren Schwertern wie mit Eßstäbchen
Kannibalen die kein Blut sehn können
Aber sie bestehen auf ihrem Schein
Sehe ich Sie, Schall, den Coriolan spielen
Schlachtend vor Antium und die Schlacht ist eine Schlacht
Roms erster Schlächter seine Arbeit verrichtend
Mit dem Eifer des Knaben der Fliegen killt
Das Schreckliche schön das heißt als unnötig gezeigt
Denn die Wirklichkeit muß sichtbar gemacht werden
Damit sie verändert werden kann
Aber die Wirklichkeit muß verändert werden
Damit sie sichtbar gemacht werden kann
UND DAS SCHÖNE BEDEUTET
DAS MÖGLICHE ENDE DER SCHRECKEN

Aus: Heiner Müller: Die Gedichte. Werke I.
Hrsg. von Frank Hörnigk.

STEPHAN SUSCHKE

GENIALES KIND IM MÖRDERHAUS

Ein Schwert kann zerbrochen werden und ein Mann
Kann auch zerbrochen werden, aber die Worte
Fallen in das Getriebe der Welt uneinholbar
Kenntlich machend die Dinge oder unkenntlich.
HEINER MÜLLER

Eigentlich dachte ich an ein Roadmovie über Schall. Weil die Geschichte an einem Nachmittag auf dem Fahrrad beginnt. Ich fahre mit dem Rad die Schönhauser Allee hinauf, am Polizeirevier 76 vorbei, lasse den Jüdischen Friedhof hinter mir, und etwa auf Höhe Luitpold-Bierstuben (da, wo früher der Franz-Klub war) hatte ich die Eingebung eines Titels. Ich schiebe dessen Verlockung sofort beiseite, weil er nach West-Feuilleton klingt, die Häme schwingt mit. Einzig der Ort macht mich unsicher, es ist ein literarischer Ort, der Ort einer Erzählung: »... nur die U-Bahn schoss flink wie immer zu ihrem hochgelegenen Bahnhof hinauf.« Ich mag den Ort wegen eines einsamen Moments in einem großen Zimmer mit weißen Flügel und wegen eines alten, aufrecht sitzenden Mannes mit ebenso weißem Haar. Der alte Mann sog an seiner Pfeife, und ich sprach mit ihm über sein Leben, kurz bevor Karl Corino versuchte, diesen Stephan Hermlin von dessen Biografie zu enteignen. Aber es geht um Ekkehard Schalls Leben, und das ist eine andere Abteilung, obwohl sie ohne Leute wie Hermlin nicht möglich gewesen wäre. Bei allem, was folgt, gilt es eins festzuhalten, ob einem das gefällt oder nicht: Schall gehört zu den größten deutschen Schauspielern des vergangenen Jahrhunderts, das wäscht ihm kein Regen ab, das steht in Tausenden von Kritiken, in Kritiken aus aller Welt.

Gegen die untergehende Sonne fahre ich mit meinem Fahrrad in Richtung Danziger Straße, frühere Dimitroff, ein Flugzeug setzt in der scheinbaren Verlängerung der Schönhauser

Allee zur Landung an: »An den bewährten Triebwerken der
Firma Pratt & Whitney/die die Maschine über Oranienburg
hinunterschrauben,/entgegen den Havelseen und den Waldgebieten im Norden;/entgegen dem dörflichem Flughafen Tegel« beschrieb Uwe Johnson dieses Einschweben in die »Selbständige politische Einheit Westberlin«, irgendwann in den
siebziger Jahren, an einem Tag, an dem Ekkehard Schall den
Ui spielte bzw. den Coriolan. Schall war berühmt, als ich geboren wurde. Es ist eine Zeitreise, aus dem Frühling des Jahres
2000 in die fünfziger Jahre, als Autos in Berlin selten waren.
»Wir haben mit der Vergangenheit abgeschlossen, aber die
Vergangenheit nicht mit uns«, sagt die Off-Stimme ein paar
Tage später im neuerbauten Cinemaxx an derselben Ecke, um
Tom Cruise mit einem vergessenen und verdrängten Leben zu
konfrontieren. Und sein Gesicht wird sehr leer sein. Aber ich
radele auf die Danziger zu, gegen die untergehende Sonne. Das
Flugzeug braucht endlos in meiner Erinnerung, etwa so lange,
bis ich den geplanten Titel der Erzählung verwerfe: Baal im
Kaschmirmantel. Aber ich bin angekommen an der Ecke Danziger. Berlin - Ecke Schönhauser.

Ich habe Schall an einem 1. Mai kennengelernt, Anfang der
neunziger Jahre. Damals wurde der Kampftag der internationalen Arbeiterklasse noch gefeiert, eine sich langsam in den
Abend hineinfressende Sauferei. Von der Maifeier des Deutschen Theaters, auf dem Vorplatz der Schumannstraße, hinüber in das dunkle Herz des Berliner Ensembles - der Kantine.
Castorf war mit, Schauspieler Axel Werner, ein paar andere. Am
Schauspielertisch saß Ekke. Wir kannten uns flüchtig, setzten
uns, und kurze Zeit später beschimpfte Castorf Schall, alles lief
auf eine Prügelei hinaus, bei der Castorf wahrscheinlich verloren hätte, aber der Streit wurde verlegt in Schalls Wohnung.
Es gab Whisky und Dosenbier, Castorf schlief schnell auf der
Ledergarnitur ein, der Abend endete friedlich im Morgen.

In Peter Voigts Film »Dämmerung - Ostberliner Boheme
der fünfziger Jahre« werden auch die verschwundenen Kneipen jener Zeit abgefahren, der Esterhazy-Keller, die Hajo-Bar,

die Koralle, und Schall sagt: »Wir nahmen natürlich in Anspruch, dass man mal saufen durfte, wenn man frühmorgens Probe hatte, allerdings nicht vor Vorstellungen.« Der Film ist in das warme Licht von Erinnerung getaucht, ihn bestimmt die Sehnsucht nach einem zurückliegenden Aufbruch – und eine Stelle bei Kafka: »Wir wurden aus dem Paradies vertrieben, aber zerstört wurde es nicht. Die Vertreibung aus dem Paradies war in einem Sinne ein Glück.«

Berlin – Ecke Schönhauser also, Ortsbestimmung und Titel eines der schönsten Filme über die fünfziger Jahre. Es ist die Zeit der Spionage, die Zeit der Schieberei. Schall spielt einen Halbstarken, der durch eine unglückliche Verkettung von Zufällen an die Ränder des kriminellen Milieus gerät, ehe er von der DDR wieder an die Brust genommen wird: »Warum kann ich nicht leben, wie ich will. Warum habt ihr lauter fertige Vorschriften. Wenn ich an der Ecke stehe, bin ich ein Halbstarker, wenn ich Boogie Woogie tanze, amerikanisch, wenn ich das Hemd über der Hose trage, ist es politisch falsch. – Mir braucht keiner zu helfen. Jeder macht seine Erfahrung selber.« Ein Text, wie von Schall selber. Er brilliert mit bescheidener Genauigkeit, den Mund auch beim Sprechen kaum öffnend. Ein Gesicht voller Unschuld, in das sich nur manchmal Züge unvorstellbarer Härte einschreiben, dabei immer etwas Stures, Eigenes. Eine andere Figur – Typus bürgerlicher Gegner – äußert sich: »Psychologisch ist der Westen im Vormarsch. Dieses ganze System wird zusammenbrechen. Deutschland ist schließlich nicht Asien.«

Dreiunddreißig Jahre später stelle ich fest, dass der Gegner Recht behalten hat. Es ist ein warmer Frühlingstag, gleiche Stelle: Ecke Schönhauser; eine der letzten Ecken Berlins, wo die neue Mitte noch nicht die Geschichte wegsaniert hat. Das Kapital nahm Besitz: an der Ecke Kastanienallee die Sparkasse, Ecke Eberswalder die Berliner Bank, wenige Meter entfernt die Dresdner. Wo im DEFA-Film von Gerhard Klein und Wolfgang Kohlhaase der Konsum war, nun eine Rossmann-Filiale. Die Untergrundbahn donnert über die grüngestrichene Brücke, an deren Geländer statt des »Neuen Deutschland« die Springerpresse wirbt (»Und wenn der Springer noch so hetzt, die DDR, die fetzt, die fetzt«, hieß es in den siebziger Jahren im DDR-Radio). Aus der Eberswalder wälzt sich ein endloser Autostrom in die Danziger, bevor die Ampel die Schönhauser freigibt.

Tage später, in der Straßenbahn auf dem Weg zu Schall, denke ich an ein Gespräch mit Friedrich Dieckmann über das Berliner Ensemble: »Die Ära Berghaus war ein Aufbruch, sowohl, was neue Autoren anbelangte, Hacks, Mickel, Heiner Müller, also die zuvor auch am BE gewaltsam zurückgedrängte DDR-Dramatik, als auch das Verhältnis zu den Brechtschen Modellen, die nicht mehr einfach übernommen, sondern wirklich kritisch, manchmal auf eine verstörende Art befragt wurden. Das BE unterstand damals, wie später in der Wekwerth-Ära, einer Doppelherrschaft: Ruth Berghaus war die Intendantin, Barbara Brecht-Schall verfügte über die Brecht-Rechte, also über die Möglichkeit zu entscheiden, ob das Ensemble seinen grundlegenden Autor spielen könne. Deren Verhältnis zueinander wurde auf verschiedene Weise beschrieben: Einigen erschien deren Verhältnis zu dem Ring des Brecht-Erbes wie das von Kriemhild und Brünhilde im Nibelungen-Ring, das Lindenblatt im Rücken des Theaters war dessen festgehaltene Rolle als Brecht-Monopol-Bühne, während Einar Schleef der Meinung war: Millionärinnen tun sich nichts. Er irrte, denn beim Theater hörte nicht nur die Freundschaft auf, sondern auch jegliche Rücksichtnahme. 1975 verweigerte Barbara Brecht-Schall die von der Berghaus schon vorbereitete Inszenierung der ›Dreigroschenoper‹. Der Öffnungsversuch der Berghaus-Ära scheiterte am Widerstand des politbürokratischen Apparats und der Erbeverwaltung, also ein Doppelnelson aus Ost- und Westzensur, denn der Eingriff aus Eigentumsbefugnissen ist ja ein Topos des Westens. 1977 gab die Intendantin auf, die Dynastie setzte auf Wekwerth.«

Das Haus, in dem Schall und seine Frau Barbara in der Friedrichstraße wohnen, steht gleich neben einem plattgewalzten Areal, wo unweit der Weidendammer Brücke einst das Hotel »Adria« stand. An den Wänden des Hausflurs Graffiti, die Fliesen auf dem Boden haben eigenwillige, orientalisch anmutende Muster. Die alten Stromleitungen liegen über Putz, das Holzgeländer ist kunstvoll verziert, vor den Wohnungstüren schmale Spiegel, in denen der Besucher Zeit hat, sein Äußeres zu korrigieren. Schall, wie immer in unseren Begegnungen, freundlich, sachlich, in einer Leinenhose, breite Hosenträger über dem T-Shirt: »Ich habe keine Entzugserscheinungen vom Theater« sagt er, und ich versuche, ihm zu glauben. Ich denke an Geschonneck, der einen Satz zu Schall in »Duell Traktor Fatzer« sagt: »Wie man aufwächst, denkt man«, und ich frage ihn nach Magdeburg: »Ich stamme aus einer kleinbürgerlichen Familie, Tabakwarenhändler en gros. Bücher gab es; im Herrenzimmer Lexika, die üblichen Romane und das Gesundheitsbuch mit der aufklappbaren Frau. Ein bißchen so wie überall.« Das Kriegsende war für ihn keine Befreiung, eher »ein Vakuum, ein Abbruch – man erfuhr, das was gestern war, durfte man nicht mehr vertreten. – Begonnen mit dem Theater hat es im Krieg in der Bismarck-Schule. Der Deutsch- und Lateinlehrer Hinze organisierte Schüleraufführungen.« Er lernte am Schauspielstudio Magdeburg neben der Schule, er war sechzehn. Sein Agent vermittelte ihn erst nach Frankfurt / Oder: »Busch hat dort angefangen und meine Tochter Johanna«.

Schall bezeichnet sich als ein bisschen verrückt, überdreht, aufgepulvert. Dagegen hat Brecht angearbeitet. »Durch die Angriffe aus Ost und West wusste man nach kurzer Zeit, dass es etwas Besonderes war, am Berliner Ensemble zu spielen. Man kriegte ein Elitebewusstsein.« Schall redet auch über »Winterschlacht«, jene Inszenierung Brechts, die ihn krisengeschüttelt zurückließ, obwohl es einen kleinen Zettel gibt: »lieber Schall, wenn ich das sagen darf: ich finde den Hörder jetzt von großer Art, ihr b.« – »Am nächsten Tag wollte er ihn zurückhaben – und das war der Beginn meiner großen Krise, weil ich in der zweiten Vorstellung die Figur, wie er meinte, eigenmächtig verändert hätte.«

Wir haben mit der Vergangenheit abgeschlossen, aber die Vergangenheit nicht mit uns, denke ich, während Schall weiterspricht: »Wir waren immer im Nachteil, dass wir zu den älteren Schauspielern kein Lehrer-Schüler-Verhältnis hatten, die waren Vorbild, auch in ihrer Biografie, in ihrer Lebenshaltung, man kam eigentlich nicht an sie ran, die wussten es immer besser.« Während des Gesprächs immer wieder sehr genaue Beschreibungen von Kollegen: »Busch war ein merkwürdiger Schauspieler, weil er nicht bereit war sich der Rolle zu nähern, sondern die Rolle musste zu ihm kommen. Bei der Weigel war es so, dass sie sich fast demütig einer Rolle unterordnete. Ich war dazwischen. Ich bin wegen meines leidenschaftlichen Exhibitionismus zur Bühne gegangen, und das wollte ich nie aufgeben.«

Irgendwann, ich frage Schall danach, was sie während der endlos anmutenden Probenzeit von neun Monaten gearbeitet hatten, kommt Schalls Frau Barbara, sie wird sich in der Folgezeit immer wieder in das Gespräch einschalten: »Papa hat gesagt, ein Elefant trägt zwei Jahre, ein Karnickel drei Monate. Aber beim Elefant kommt auch ein Elefant heraus.«

Wir reden über »Berlin – Ecke Schönhauser«, darüber, warum Schall so wenige Filme gemacht hat. Er bekennt, dass es ein großes Glück für ihn war, mit Brecht zu arbeiten und zugleich ein Unglück: »Die anderen standen alle eine Stufe tiefer. Die Höhe war einfach nicht zu halten, und dadurch wurde es schwieriger, mit anderen zu arbeiten. Das betraf nicht jene großen Inszenierungen, die mit Palitzsch/Wekwerth und Wekwerth/Tenschert in den ersten Jahren nach Brechts Tod entstanden sind – Wekwerth konnte sehr scharf analytisch denken, und er hatte eine wunderbare Art, einen Gedanken, einen realen Punkt zu treffen. Diese intellektuelle Strenge wurde ästhetisch vom Palitzsch umgesetzt. Die Grobheit des Wekwerthschen Arrangements wurde durch Palitzschs Eleganz verfeinert.« Beider Ui-Inszenierung hat Schall weltberühmt gemacht. Heiner Müller hatte eine Vorstellung gesehen und ein Gedicht geschrieben, das in keiner Ausgabe seines Werks zu finden ist:

Für Ekkehard Schall

Als zum 532. mal auf der Bühne stand
In der Rolle des Arturo Ui der Schauspieler
Ekkehard Schall, verließ der von ihm porträtierte
Adolf Hitler, mit Neugier auf die berühmte Darstellung
(Deren Ruhm sich herumgesprochen hatte
Unter den Toten sogar) heimlich sein Bunkergrab
Und reihte sich ein unter die Zuschauer im Berliner Ensemble
Und es geschah, daß er nicht erkannt wurde
Von dem genaueren Abbild, sondern unbemerkt
Kleiner und kleiner werdend zurückschwand in seine Versenkung
So daß er genannt wurde von nun an
Von den anderen Toten nicht mehr mit seinem
Vorübergehenden Namen
Adolf Hitler, sondern nur noch
Arturo Ui.

Als es um Machtkämpfe am Berliner Ensembles geht, wird das Gespräch unschärfer, ohne dass Schall ausweicht; dazu ist seine Sicht auf die Dinge zu eindeutig. 1969 versuchte Wekwerth, zusammen mit Kurt Hager, Helene Weigel zu entmachten. Wekwerth hatte eine neue Strategie, und die Voraussetzung, um diese umzusetzen, war die Entmachtung der Matriarchin. Grundlage war Ulbrichts Aufsatz über neue Leitungstätigkeit, in der nur Genossen in leitenden Positionen sitzen durften. Der Putsch misslang, die Weigel war, außer einer vorzüglichen Theaterleiterin und erstklassigen Schauspielerin, auch die Inhaberin der Brecht-Rechte, die nach ihrem Tode auf die drei Kinder übergingen. Wir sind bei der Berghaus-Zeit angelangt. Schall beschreibt den ästhetischen Punkt der Differenz präzise: »Die Schwierigkeit, die sich herausstellte, waren die immer mehr zunehmende Choreographien der Aufführung, die Vorgänge wurden zurückgedrängt, es war eine starre mechanische Wiedergabe.« Es kam zum Bruch. Barbara Schall kann sich nicht an das Verbot einer Inszenierung der »Dreigroschenoper« erinnern, sie hätte später Wekwerth vorgeschlagen, dass die Berghaus dies Stück inszenieren solle. Auf die Frage der Einflussnahme der Familie auf die Rechte antwortet sie: »Ekke hat sich prinzipiell nie eingemischt.« Barbara Brecht-Schall erzählt, dass Ekke Gast am Berliner Ensemble war und auf die schwarze Liste gesetzt wurde. Er durfte nicht »nach drüben«. Es kam zur Allianz mit Wekwerth. Wekwerth wurde Intendant, Schall sein Stellvertreter – »Hager hat uns verdonnert: ›Versucht es zusammen!‹« Praktisch hätte er kaum Einflussmöglichkeiten gehabt, künstlerisch war die Zeit, außer mancher Rollen, wenig ertragreich.

Ich frage noch nach seinem Training, und er führt mich in den Nebenraum, wo mehrere Kraft-Maschinen stehen. An der Wand Plastiken seines Freundes Igael Tumarkin, mit dem Gesicht von Schall in unterschiedlichen Rollen. Als ich ihn bitte, ihn fotografieren zu dürfen, stellt er sich bereitwillig daneben. Zum Schluss trinken wir zusammen einen Grappa. Barbara Brecht entlässt mich mit der Bitte – die eine Aufforderung ist – um Autorisierung des Gesprächs, und ich bin draußen auf der Friedrichstraße. Langsam gehe ich in Richtung Chausseestraße, vorbei am Dorotheenstädtischen Friedhof, um Friedrich Dieckmanns »Coriolan«-Beschreibung im Brecht-Archiv einzusehen. Auf dem Weg dorthin passiere ich einen Glaskasten mit einem Brecht-Gedicht, denke an Peymann und ärgere mich über die Billigkeit meiner Assoziation: »die neuen Antennen/verkünden die alten Dummheiten«.

Vor der Brecht-Buchhandlung steht Werner Riemann, Assistent am BE seit 1959, blickt ins Schaufenster, wo ein gelber Reclam-Band von Kierkegaard »Über die Angst« liegt. Ich überlege, ob ich Riemann nach Ekke fragen soll, denke Ekke, nicht Schall, aber lasse es. Ich überlege, ob Ekke Angst gehabt hat in seinem Leben, denke über den Schmerz nach, und mich erstaunt diese merkwürdig ungebrochene, total intakte Existenz. Ich hätte gern mit ihm über den Tod gesprochen, über Brüche – aber wo ist das Gesicht hinter dem Gesicht, wo ist der wirkliche Gedanke hinter dem Text und welcher. Tage später werde ich diesen Punkt verfolgen, in einem Gespräch mit Hans-Joachim Frank. Aber ich bin auf dem Weg zu Ulrich Wüst.

Ich erzähle Ulrich Wüst, dass ich ihn wegen jenes erwähnten Satzes besuche: »Wie man aufwächst, denkt man.« Ulrich Wüst ist in der gleichen Stadt wie Schall geboren, und als mir der Satz von Müller / Geschonneck einfiel, fielen mir Wüsts Fotografien ein. Sie entstanden vor zwei Jahren in Magdeburg auf endlosen Wanderungen durch die fremde, nahe Heimat – ich erinnerte mich an sie, weil ich den Nachkrieg spürte, die diese Photographien erzeugen. Überdehnter Nachkrieg, wird Wüst im Gespräch sagen. Fotos ohne Menschen, das endlose Warten auf den Augenblick, da die Erde unbewohnbar sein wird wie der Mond. Die Häuser auf den Photographien sind zwei-, manchmal dreistöckig, der Putz bröckelt, man glaubt, dass es einer der endlosen Vormittage am Sonntag ist oder ein Samstagnachmittag, an dem es heiß ist, alle auf den Regen warten oder die Fußballübertragung. Die Tristesse wird verstärkt durch die vergeblichen Versuche der Werbung – das Design bestimmt das Bewusstsein. – Aus Magdeburg muss man wegwollen, wenn man Künstler werden will, wie aus Gelsenkirchen, Großenhain, Ambach oder Weimar; Städte, über die Therese Giehse sagte: »In der Provinz kann man lernen, aber nicht bleiben.« – Photographien von einem untergegangen Stern. Fast zwanghaft wiederholt sich der denkmalgeschützte Schornstein von Sket, einzigem Wahrzeichen einer Industriebrache, deren Wurzeln älter sind als die DDR – der Vorgänger des Schwermaschinenbau-Kombinats »Ernst Thälmann« waren die Krupp-Gruson-Werke. »Wie man aufwächst, denkt man.« Geschonneck in Heiner Müllers theatralischem Krebsgang durch die deutsche Geschichte. »Duell Traktor Fatzer«. 1993. Seine wichtigste und zugleich erfolgloseste Inszenierung am Berliner Ensemble. Die Besetzung war exemplarisch: Erwin Geschonneck war nach fast vierzig Jahren an das Berliner Ensemble zurückgekehrt und spielte gleichsam sich selbst, als alten Genossen, Gegenpol zu Bernhard Minetti als altem Schauspieler, der zwei Jahre später Ui/Hitler/Wuttke die Schauspielkunst beibringen wird. Eine andere Besetzung war Schall. Er trug in seiner Rolle zusammen mit Geschonneck und Hermann Beyer Müllers theatralische Auseinandersetzung mit dem 17. Juni 1953 aus. Ich erinnere mich gut an beide: Wie Geschonneck mühsam nach seinem Stock angelt, sich auf den Tisch stemmend, aufsteht und »Madrid du wunderbare« singt, und an Schall, wie er, nachdem klar ist, dass die russischen Panzer kommen, abgewandten Gesichts nach dem Parteiabzeichen sucht. Er findet das kleine Blechschild und heftet es sich mit einer Mischung aus Renitenz und Unverfrorenheit, fast mechanisch, ans Revers.

Und eine andere Stelle blieb im Gedächtnis: Sein letzter großer Ausbruch in »Fatzer«. Schall spielte es als Kommentar auf die einsetzende strafrechtliche Verfolgung der DDR-Polit-Elite. Die alte Bundesrepublik wähnte sich in der Unschuld der unbefleckten Empfängnis. SED war Synonym für politische Kriminalität schlechthin – noch unvorstellbar, dass eine Partei der Bundesrepublik wie die CDU durch den Parteispendenskandal bald in einem ebensolchen Kontext erscheinen würde. Schall tobte, einen Stuhl als Krücke nutzend, gefesselt in einem Teermantel, einer Erfindung des Malers Mark Lammert, sich zu Tode schreiend, mit äußerster Beherrschung und äußerster Wut:

Noch nicht dem letzten räudigen Hund
Werden wir zumuten, Platz zu nehmen
Auf euren dreckigen Gerichtsbänken
Eures dreckigen Staates.
Ein Klumpen Natur.

Tage später sitze ich Hans-Joachim Frank in einem kleinen Café in der Hannoverschen Straße gegenüber. Frank leitet das theater 89, ein Theater, das durch seine professionellen Schauspieler und Arbeiten zu den besten Berlins gehört. Er kam 1973 als Neunzehnjähriger an das Berliner Ensemble und ist Schalls vorerst letzter Regisseur in Christoph Heins »Der Bruch«. Frank hat in Schalls einziger Inszenierung, »Eduard II.« von

Marlowe, gespielt und neben ihm in vielen Aufführungen. Noch einmal wird das fertige Bild, dass ich von Schall habe, relativiert:

»Er hatte nie faktisch die Macht, trotz der körperlichen Nähe zu den Brecht-Erben. In der kleinen Theater-Politik konnte er nie Entscheidungen treffen. Es werden Berichte kolportiert, in denen Wekwerth Schall als Feind der Partei bezeichnet hat. (Auch dieser beider Beziehung, wie so vieles am Berliner Ensemble: eine Hassliebe, auch weil sie eine Beziehung Abhängiger war). Schall hat das natürlich gemerkt, und als er Wekwerth kurzzeitig als Intendant vertrat und eine Sitzung im Intendantenzimmer stattfand, hatte er große Scheu, sich auf den Stuhl der Weigel zu setzen. Er war in einer schwierigen Situation. Er brauchte einen Regisseur, darum wusste er, aber er hatte durch seinen Ruhm und durch die Verbindung zu Barbara eine fiktive Macht, vor der die Regisseure scheuten.«

Ich erinnere an eine Äußerung Schalls in einer Auswertung zu »Turandot« am BE (22. Januar 1973): »Die Schauspieler sind nicht hergenommen worden, das merkt man ihnen an. Das muss jetzt grob geschehen. Ihr habt nicht mit ihnen Krieg geführt und ihnen das verboten und jenes erlaubt.« – Ich ist immer der Andere. Frank: »Aus dieser Hilflosigkeit in der Hierarchie heraus begann er plötzlich, alles um sich herum zu organisieren. Da war er auch nicht unbedingt fein. Als er bei der ›Mutter‹-Inszenierung schon im Widerstreit mit der Berghaus lag, sagte er zu mir, kurz bevor der Vorhang aufging: ›Hast du dich schon eingekrüppelt für die Scheiße?!‹ Sein Problem: Er kam aus Magdeburg, war ein schwer begabter Kleinbürger, immer zwischen die Fronten geriet. Das hängt natürlich auch mit seiner traumatischen Beziehung zu Brecht zusammen. Brecht, später die Berghaus, und auch Wekwerth, die haben Gott gespielt, mit unwahrscheinlicher Klasse, aber auch mit großer Brutalität. Die Schauspielerin Felicitas Ritsch sagte übers BE: ›Das ist ein Mörderhaus‹. Am besten war Schall, wenn er Kleinbürger gespielt hat, Ui oder Iwagin in Müllers ›Zement‹. Die Heldenrollen waren immer problematisch, was jetzt sicher anders ist. Man unterschätzt auch den wahnsinnigen Druck, unter dem Schall gestanden hat (Schalls Frauen- und Saufgeschichten, kurze Momente der Entspannung vor dem wieder und wieder ausgeführten Sprung in die Haifischbecken). Letztendlich musste er die großen Vorstellungen immer auch tragen, allein, und das hat er fast immer geschafft. Dafür haben sie ihn geliebt und gehasst.«

Wir sprechen über Franks Inszenierung »Der Bruch« am theater 89: »Er war nicht misstrauisch, sondern hat sich erstklassig vorbereitet und war wahnsinnig diszipliniert. In Niedergörsdorf (einer Spielstätte des Theaters 89, im Kulturhaus einer ehemaligen sowjetischen Kaserne) hatte er als Garderobe ein Zimmerchen, ohne Wasser, mit herunterhängenden Tapeten. Er ist jeden Tag zwei Stunden hin und zwei zurück gefahren, ohne mit der Wimper zu zucken. Wenn wir mal nur vor fünfzig oder sechzig Leuten gespielt haben, hat er das niemals irgendjemand merken lassen. Er gehört zu den Leuten die nicht zynisch sind, als Schauspieler nicht verkommen, nicht abgewichst. Eigentlich ein großes Kind.«

Selten habe ich Leute so unterschiedlich über einen Menschen sprechen hören, selten hat eine Persönlichkeit Menschen so gespalten. Hass und Verachtung auf der einen Seite, Ehrfurcht und Verehrung auf der anderen. Diese Polarisierung ausgehalten zu haben, auch dies beschreibt Ekkehard Schalls Qualität.

Stephan Suschke hat diesen Text zum 70. Geburtstag des Schauspielers im Mai 2005 geschrieben und ihn für dieses Buch überarbeitet. Suschke, 1958 in Weimar geboren. Regiemitarbeiter Heiner Müllers. 1992 bis 1999 am Berliner Ensemble (Regisseur, stellvertretender Intendant, künstlerischer Leiter). Ab 1999 freischaffend. Inszenierungen u. a. in Cordobá, Brüssel, Saarbrücken, Neu Delhi, Dresden, Melbourne. Suschke ist seit 2013 Schauspieldirektor am Mainfranken-Theater Würzburg. Herausgeber: »Walter Schmidinger – Angst vor dem Glück«, »Müller macht Theater – 10 Inszenierungen und ein Epilog über die Theaterarbeit Heiner Müllers«.

BARBARA BRECHT-SCHALL

MEIN SONNTAGSVATER UND CHAPLINS KUSS

Barbara II

Ohne alles, ohne alles
wird der Fall ein Fall des Falles
ohne dich besonderlich
werd ich hypochonderlich.
E. S., 5.6.1998

HANS-DIETER SCHÜTT: *Anwürfe, Missdeutungen, auch Anfeindungen – was hat Sie da im Laufe der Jahre am stärksten geschützt?*

EKKEHARD SCHALL: Ich habe seit langem eine Frau zur Seite, die nicht kleinzukriegen ist. Wenn mich ein Übermaß schlechter Kritiken niederwarf, tröstete sie mich.

Womit?

Wie soll ich sagen: mit Trainingseinheiten, Härte, Selbstbewusstsein, ja, mitunter auch Arroganz – was im Altgriechischen nur ein anderer Ausdruck war für Stolz. Barbara hatte stets eine sehr besondere Art von sturer Präsenz, gerade, wenn es mal schwierig wurde.

EIN GESPRÄCH VON INGEBORG PIETZSCH UND MARTIN LINZER. 1994

PIETZSCH/LINZER: *Frau Brecht-Schall, wie alt waren Sie, als Sie mit der Familie ins Exil gingen?*

BARBARA BRECHT-SCHALL: 1933, nach dem Reichstagsbrand, stand für meine Eltern fest, was passieren würde. Helli ging zu Bidi ins Krankenhaus, der dort am Blinddarm operiert lag, und fragte nur: »Was nun?« Und er antwortete darauf: »Raus! Nichts wie raus!« Ich war zu der Zeit bei meinen Großeltern in Augsburg zu Besuch. Eine Quäkerin, Irene Grant, hat mich auf ihren Pass, auf dem auch ihr vierjähriger Sohn eingetragen war, herausgeholt. Ich, eine Zweijährige, wurde von meinem damaligen Kindermädchen, der Mari, auf dem Bahnhof abgegeben, und dann hat mich Irene Grant aus Deutschland rausgebracht.

Wie war Ihre Beziehung zum Vater, zur Mutter?

Mein Vater war ein »Sonntagsvater«. Er liebte Kinder, vor allem wenn sie alt genug waren, um ihm schon ein bisschen Partner sein zu können. Die Mutter war eine Mutter schlechthin. Unsere Beziehung war wundervoll – abgesehen von einer kurzen Pause in meinen aufmüpfigen Jahren.

Und warum war der Vater ein »Sonntagsvater«?

Er war da für besondere Gelegenheiten. Zu Weihnachten, zum Geburtstag. Er war es, der mit mir in den Zirkus ging. Er war auf seine Art ein sehr guter Vater, aber natürlich häufig geistig abwesend. Er hatte wenig Zeit, war ja ungeheuer fleißig und arbeitsam.

Hat er Ihnen zum Beispiel auch vorgelesen?

Nein. Das hat Helli gemacht. Und ich hab sehr früh lesen gelernt, um es selbst zu können. Aber er hat, als ich ein junges Mädchen war und in der Phase, wo man Gedichte schreibt, sich die von mir zeigen lassen. Und war dann auch etwas neidisch, denn ich konnte mühelos reimen.

Hat er Ihnen seine Gedichte gezeigt oder die Stücke vorgelesen?

Nein. Ich habe erst später, als wir schon in der DDR waren, entdeckt, dass er ein guter Dichter ist *(lacht)*.

Wie haben Sie den ständigen Ortswechsel – »öfter die Länder als die Schuhe wechselnd« – verkraftet?

Nicht sehr gut. Ich habe dadurch die Gabe verloren, mir leicht Freunde zu gewinnen. Ich hab nur nur wenig Leute, die ich wirklich als Freunde empfinde. Das Exil wurde zu oft gewechselt. Die längste Zeit verbrachten wir in Dänemark.

Können Sie sich noch an den »Gewaltritt« durch die Sowjetunion erinnern?

Ach Gott, wenn ich zurückdenke, meine arme Mutter und auch Bidi haben Spiele und Ablenkungen erfunden, um mich wenig von den Problemen spüren zu lassen. Ich erinnere mich an ein wunderschönes Tal, durch das wir fuhren, dessen Wände mit Bougain-Villen behangen waren. Einmal bin ich aus dem Zug gestiegen, weil mich interessierte, was auf der Station los war, und ich wäre fast zurückgeblieben, als der Zug anfuhr. Ich erinnere mich auch: In Moskau, im Schriftstellerverband, wurde ein Essen gegeben. Zum Schluss servierte man »Alaska«, eine flammende Baisermasse. Mir wurde zuerst serviert, und man erklärte mir: »Kinder kriegen das Dessert bei uns immer zuerst.« Ja, an solche Belanglosigkeiten, die einem Kind aber wichtig sind, erinnere ich mich.

Aber das Unheimliche, das hinter dieser Reise lauerte ...

Wie gefährlich das Ganze war – dass es keine reine Vergnügungsreise war –, hab ich natürlich auch schon mitbekommen. Immerhin war ich über zehn Jahre alt. Doch die Eltern haben mich abgeschirmt, mir eine sehr gute, sichere Welt geschaffen.

Die Geliebten Ihres Vaters – wann sind die Ihnen zu Bewusstsein gekommen?

Viel später. Ich weiß, dass ich von Anfang an die Berlau nicht mochte, weil sie eine so intensive, aufdringliche Person war. An die Grete Steffin wollte mich Helli nicht ranlassen, weil sie offene Tb hatte, und ich lag ja dann auch, als wir in Amerika angekommen waren, ein halbes Jahr mit Hylusdrüsen-Tbc darnieder.

Die Konflikte, die sich zwischen den Eltern wegen der Geliebten des Vaters abspielten ...

... habe ich nicht mitbekommen. Sie haben das von mir weggehalten, und ich bin ihnen dafür sehr, sehr dankbar.

Hat Ihre Mutter, die ja sicher sehr darunter gelitten hat, später mal mit Ihnen über das Problem gesprochen?

Kaum.

An welche Begegnungen mit prominenten Persönlichkeiten in Amerika können Sie sich erinnern?

Odets kamen öfter zu Besuch, auch Gorelik. Er hatte zwei Kinder, vor denen ich mich immer unter der Treppe versteckt habe, weil die so frei erzogen und unerträglich waren. Charles Laughton liebte ich abgöttisch. Das war ein ganz, ganz wundervoller Mensch. Häufig hat er bei uns ein Abendessen geschnorrt, weil er – und zwar mit Recht – auf Diät gesetzt war. Mit Papa hat er fast zwei Jahre am »Galilei« gearbeitet, und er schaute dann immer so traurig, und Helli hat ihn dann natürlich eingeladen. Bidi legte sich regelmäßig nach dem Essen zwanzig Minuten hin. In der Zeit hat Laughton uns vorgelesen: aus Shakespeare oder der Bibel. Chaplin hat mir meinen ersten Kuss gegeben, aber da war er schon mit der Oona O'Neill zusammen, der Kuss war also harmlos. Kortners kannte ich ... später haben wir uns in Zürich wiedergetroffen, dann in Berlin.

Wann kamen Sie aus dem Exil zurück? Wie erlebten Sie Deutschland nach dem Krieg?

Wir kamen 1948 zurück – über die Schweiz. Mein Vater ist – nach den Querelen mit dem McCarthy-Ausschuss – zurückgeflogen, und wir sind mit dem Schiff gereist. Ich hatte Riesenheimweh nach Amerika. Ein Jahr bin ich dann in der Schweiz geblieben. Auch, um mein Abitur zu machen – und zwar auf einer Packschule.

Was ist das?

Eine Schule, auf der man alles reingepackt kriegt an Wissen. Das war bescheuert. Ich hab den Lehrer zum Beispiel immer mit »du« angesprochen, weil ich das aus dem Englisch-Amerikanischen ja nicht anders kannte. Außerdem hab ich die Schule viel geschwänzt. Nach einem Jahr holte mich Bidi ab. Wir fuhren wegen der Blockade einen langen Umweg, kamen dabei durch das völlig zerbombte Dresden. Es war grauenhaft! So schrecklich hatte ich es mir nicht vorgestellt. An meinem zweiten Abend in Berlin sah ich Helli als Courage. Nun hatte ich die Helli ja immer nur als Mama erlebt – lediglich als Antigone in Chur, in der Schweiz, hatte ich sie schon mal auf der Bühne gesehen. Aber als Courage erlebte ich sie jetzt zum ersten Mal. Mich hat das vom Sockel gehoben. Jetzt erst wurde mir klar, was diese Frau all die Jahre über vermisst haben musste und versäumt hatte. Ich war hingerissen und bestürzt. Am nächsten Tag bin ich losgezogen und hab mein gesamtes Taschengeld für die schönsten Blumen, die ich fand, ausgegeben. Helli ist zu Tode erschrocken. Ich hatte ihr nämlich einen Kranz mit Calla-Lilien gekauft. Eigentlich Totenblumen. Ich wusste das aber nicht. Zunächst dachte Helli an einen üblen Scherz, aber da die Blumen ja von mir kamen, hat sie sich dann doch gefreut.

Die Anfänge des BE – in welcher Erinnerung sind sie Ihnen geblieben?

Es war eine sehr schöne Zeit. Alles neu, alles frisch. Anfang der DDR, Anfang des Berliner Ensembles, Anfang der Hoffnung, dass der Sozialismus wirklich eine Lösung ist. Ende des Krieges. Ende des Exils. Den Anfang vom Berliner Ensemble habe ich als gar nicht etwas so Besonderes empfunden, schließlich begann ja damals alles von vorn. Schön für mich persönlich war: Ich durfte auf den Proben dabei sein, später durfte ich Caspar Neher bei den Kostümen helfen. Und dann durfte ich ab und zu auch spielen.

Wie kam es dazu?

Neher hatte mich ins Stück reingebaut, als ein Schlittschuhmädchen im »Hofmeister«. Er hatte für eine Szene mit drei Mädchen vier wunderschöne Kostüme entworfen, die farblich unbedingt alle reinmussten, und so kriegte ich meine erste Rolle. Einige Zeit später musste ich auf der Schauspielschule vorsprechen. Ein Alpdruck! Helli saß mit in der Kommission. Da hatte ich aber schon im Deutschen Theater das Gustchen im »Polterabend« von Bernhardy gespielt, was ein ziemlicher Erfolg war. Ich bin dann bei der Schauspielerei geblieben, bis mich gesundheitliche Gründe zum Aufhören zwangen.

Es gab interessante Regisseurpersönlichkeiten am Berliner Ensemble. Wer hat Sie am stärksten beeindruckt?

Bidi. Aber danach »eine Regiepersönlichkeit«, nämlich Wekwerth/Palitzsch. In dem Gespann war Wekwerth der Gröbere, Palitzsch der Ästhetischere – der die Grobheiten von Wekwerth verfeinern konnte. Wekwerth setzte der mitunter übergroßen Ästhetik von Palitzsch seine übergreifenderen Ideen entgegen. Auch Egon Monk war wunderbar. Sehr ästhetisch, aber dabei sehr karg.

Wie haben Sie den Tod Ihres Vaters erlebt?

Ich war dabei. Bidi hat in der Charité gelegen und wurde auf Magen behandelt. Ein berühmtes Scharlatan-Genie aus München, Dr. Schmidt, genannt Atem-Schmidt, besuchte ihn da und sagte: »Aber Brecht, Sie haben nichts mit dem Magen, Sie haben es mit dem Herzen.« Er wurde dann entlassen und wollte zu dem Atem-Schmidt zu einer Behandlung. Aber am Abend vor der Reise versagte dann sein Herz. Sein behandelnder Arzt aus der Charité ließ sich verleugnen, und so starb Brecht, sehr leicht. »Lasst mich in Ruhe!« war sein letztes Wort. Es standen übrigens nicht eine Menge Leute um ihn herum, wie es die Legende wissen will, und schon gar nicht hat er noch jedem Versprechungen gemacht. Etwas war dann trotz aller Trauer komisch: Helli schickte mich los, damit ich ihr schwarze Strümpfe kaufe und irgendwas Schwarzes zum

Anziehen. Ich lief also los, holte das Entsprechende. Nacheinander – aber ich nenne jetzt absichtlich keine Namen – traten drei von den Damen an, sahen die schwarzen Strümpfe und fragten: »Helli, hast du noch ein Paar?«

Wie traf Sie der Tod Ihrer Mutter?

Hellis Tod war für mich enorm schmerzhaft. Ich wusste, dass er bevorstand, und trotzdem ... Im Januar 1971 bat mich der Arzt zu sich und sagte es mir. Helli hatte Krebs – sie rauchte ja früher stark. Auf meine Frage, was man machen könne, sagte er: »Gar nichts.« Bei einer Operation wären alle lebenswichtigen Organe in Mitleidenschaft gezogen worden; Chemie nützte nichts mehr. Es gab nichts auf der Welt, was ihr noch helfen konnte. Der Arzt schwor es mir. Er war ein guter Freund der Familie. Ich musste ihm glauben. Ich habe meiner Mutter nichts gesagt. Keine Andeutung, kein Wort. Ende April fuhren wir zum Gastspiel nach Paris. Helli trat da noch als »Mutter« auf und zwar mit immensem Erfolg. Zum Schluss stürzte ein Fan auf die Bühne, umarmte sie und brach ihr dabei zwei Rippen. Mama musste zum Arzt, der durch mich und die Dolmetscherin über Hellis Zustand unterrichtet war, aber auf meinen Hinweis hin ihr ihren Zustand verschwieg. Helli erfuhr also nichts, kam zurück und spielte mit zwei gebrochenen Rippen. Sie fuhr nach Hause – am 20. April war sie zum letzten Mal aufgetreten –, kam am 1. Mai ins Krankenhaus und starb am 6. Mai. Wir haben alle nicht gedacht, dass es so schnell gehen würde. Aber dem behandelnden Arzt werde ich immer dankbar sein, weil er ihr Leiden nicht unnötig hinausgezögert hat. Er hat sie in Gnaden gehen lassen.

Was für Folgen und Konsequenzen hatte dieser Tod?

Das Ensemble ist von der Berghaus übernommen worden. Zuvor, als Helli noch lebte, hatte Wekwerth seine Palastrevolution versucht. Trotz Einflussnahme von Hager war sie ihm aber misslungen. Doch zu der Zeit war es üblich, Genossen in Leitungsfunktionen zu haben. Man bestand auch bei Helli darauf, dass sie neben sich eine Genossin haben müsse. Daraufhin hat sie sich die Ruth geholt, die ja eine anständige Person ist. Als Intendantin schätze ich sie allerdings nicht ganz so sehr, doch in der Funktion ist sie auch nicht gut beraten gewesen. Zwischen Hellis Tod und ihrem Begräbnis kam dann dieses Gesetz heraus, mit dem man versuchte, mich und meine Geschwister zu enterben. Man wollte mir alle Rechte und die Herausgabe der Werke Brechts nehmen. Ich sollte nur ab und zu etwas Geld dafür kriegen. Sie dagegen wollten die Originale und alles übrige einsacken. Das konnte ich mir einfach nicht gefallen lassen! Meine Geschwister gaben mir Vollmacht, um das Erbe zu kämpfen, und das habe ich dann jahrelang getan. Vor allem musste man verhindern, dass sie an die Originale herankamen. Ich habe Hager und den Leuten um ihn herum nicht getraut. Nie. Die waren durchaus in der Lage, Sachen verschwinden zu lassen. Vorgesehen war, dass die Akademie sämtliche Rechte übernimmt und auch das Archiv. Ich konnte aber beweisen, dass darin die ganze Erbschaft steckte und es sich demnach um Privatbesitz handelte. »Ihr könnt nicht einfach enteignen«, sagte ich, und die Gesetze der DDR standen dem auch entgegen. Es dauerte allerdings Jahre, ehe sie das schluckten. Aber ich habe mich durchgesetzt. Vor allem lag mir daran, zu verhindern, dass das Archiv in ein kleines Privatarchiv verwandelt wurde, zu dem nur noch Zutritt haben würde, wer ihnen passt. Dafür ist ein Archiv nicht da. Es ist dafür da, dass Leute dort Studien betreiben können.

Was die Verbreitung und Pflege des literarischen Erbes betrifft – wie wurde damit umgegangen?

Da haben Sie meinen stolzesten Punkt erwischt. Ich habe irgendwann mal, als ich die Arbeit übernahm, gefragt: Gibt es eigentlich noch Fragmente, Gedichte, Unveröffentlichtes? Elisabeth Hauptmann hatte sehr aussortiert ... und die damalige Gesamtausgabe der Brecht-Werke ist ein ziemlicher Kuddel-Muddel. Ich habe dann mit Aufbau und Suhrkamp verhandelt, und endlich waren wir so weit, dass die gemeinsame Frankfurter-Berliner Ausgabe erarbeitet wurde. Das ging so zwei, drei Jahre, dann kam die Wende ... sie hatte Konsequenzen für den Berliner Verlag. Aber Unseld, also der Suhrkamp-Verlag, macht weiter, und voraussichtlich haben wir bald einen völlig neue Ausgabe, in der dann alles drin ist. Leider wird sie sehr teuer sein.

Welche Kriterien hatten Sie, um die Brecht-Aufführungen außerhalb des BE zu genehmigen?

Gar keine besonderen Kriterien. Ich habe mich allerdings lange daran gehalten, dass in Berlin nur das Berliner Ensemble Brecht spielen durfte. Das war damals von Helli und Bidi so festgelegt worden. Ich habe das Verbot später gelockert: Es durften in Berlin – und zwar in Ost- und Westberlin – die Brecht-Stücke gespielt werden, die im BE nicht zu sehen waren. Jetzt, nach der Übernahme des Theaters durch die vier Herren, betrachte ich das Haus nicht mehr als Berliner Ensemble, ich empfinde den Namen als Etikettenschwindel. Deshalb sage ich auch: Macht doch, was ihr wollt! Alle Berliner Theater können nun Brecht spielen. Wir passen nur auf, dass keine fremden Texte in die Stücke gelangen. Das lass ich nicht zu.

Es gab in der DDR drei Ausnahmen: die Inszenierung von »Simone Machard« am Theater der Freundschaft« ...

... die hat Bidi noch genehmigt. Bei dem Stück gab es allerdings immer eine Maßgabe, und an der wurde eisern festgehalten: Die Hauptrolle durfte keine Schauspielerin spielen, die älter ist als zwölf Jahre. Das wurde schon von Papa so festgelegt. Er meinte zwar, es gäbe ganz sicher junge Frauen, die die Simone spielen könnten, aber die Haltung der übrigen Darsteller zu einem Kind ist anders als zu einer ausgebildeten Kollegin. Und er wollte einfach nicht, dass sämtliche Intendanten-Gattinnen die Rolle spielen.

Die zweite Inszenierung eines Brecht-Stückes außerhalb des BE war »Sezuan« in der Regie von Besson an der Volksbühne ...

... das hatte Helli mit ihm abgesprochen, und es war ein Koppelgeschäft. Benno hat sich dann leider gedrückt, der Hundesohn. Er hatte »Turandot« in Zürich gemacht, die sollte auch im BE aufgeführt werden. Doch daraus wurde nichts.

Und die dritte Brecht-Inszenierung außerhalb des BE war im Deutschen Theater »Die Rundköpfe und die Spitzköpfe« in der Regie von Alexander Lang ... Um noch einmal auf die Palastrevolution von Wekwerth zurückzukommen ...

Ich glaube nicht, dass ich es ihm je vergessen kann, aber es ist genug darüber gesprochen worden. Was die Intendanz der Berghaus betrifft: Ich weiß, dass man mir nachsagt, ich hätte daran gearbeitet, dass die Ruth gehen musste. Aber das stimmt nicht. Wie denn auch, ich war nicht Genossin und war wegen dem ganzen '71er Gesetz außerdem in Ungnade, Ruth hatte Paul Dessau zum Mann und auch sonst große, einflussreiche Leute um sich.

Erfüllt es Sie mit Genugtuung und Freude, dass die Tochter Johanna die Familientradition der Schauspielerei fortsetzt?

Und wie! Mein Mann und ich sind mächtig stolz auf sie! Vor allen Dingen, weil sie es es absolut allein geschafft hat. Sie hat jegliche Hilfestellung strengstens abgelehnt.

Das Gespräch erschien unter dem Titel »Familien-Geschichten« in »Theater der Zeit«, Heft 11/12, 1994.

HILMAR THATE

VERÄNDERUNG IST DOCH DAS SALZ DES VERGNÜGENS

Hilmar Thate, geboren 1931. Sein breites Lachen hat malmende Kraft. Die Stimme betörend dunkel; im Schmettern fliegen die Töne kieselhart. Seine gedrungene Wucht verströmt noch immer proletarische Grazie, kämpferische Romantik. Seine Darstellung war gern Angriff, so unerwartet leicht und doch so vorbedacht. Analytischer Ehrgeiz begegnete einer urwüchsigen Natur. Ein Bruder Baals, aber einer, der uns oft genug zeigte, dass auch Zügelung, Gefasstheit und also just jene Spannungen, die unaufgelöst bleiben, eine große Sinnlichkeit haben. Seine Art setzt spielend hinter jede Regung ein Komma, fürs große oder kleine »Aber!«

Von 1958 bis 1970 war Thate am Berliner Ensemble engagiert. Spielte den Givola im »Ui«, den Pawel in »Die Mutter«, den Jean Cabet in »Die Tage der Commune«, er war Galy Gay in »Mann ist Mann«. Gab dann am Deutschen Theater einen grandiosen Richard III. – hinkender Tänzer im Blut; der horrend furchtbare und furchtsame Sisyphos einer amoralischen Lust, die sich mit absurder Grausamkeit erfüllen muss; liebenswürdig noch im größten Schrecken, aber je liebenswürdiger, desto schrecklicher.

Ihn und Ekkehard Schall hatte die Weigel »Brigadehäupter« des BE genannt. Jahrelang zwei Protagonisten eines beglückend sportiven Weltruhms, der leider auch nur ein anderes Wort für Vergänglichkeit ist. Schall als Coriolan, Thate als Aufidius: Feldherren? Neuronale Gewaltbomben, tickend jeweils in der Großhirnrinde des anderen – jeder Dialog eine Flugbahnberechnung, jeder Monolog ein Einschlag. Das Spiel beider begründete einen faszinierenden Protagonismus aus Duo und Duell. Schall: der choreografische Mathematiker, Thate: der wilde Urwuchs. Das schräge Schrille gegen das kräftig Klotzige. Schall ging einem an den Geist, Thate ans Gemüt. Unwiederholbar. Irgendwann vorbei. Das Ganze noch einmal? Neu? Unter neuen Bedingungen? Auf neu zu erobernden Bühnen? Thate: »Unsere Zeit gab uns keine Chance mehr. Wir träumten dann nur noch gegenseitig voneinander«.

Thate, verheiratet mit Angelica Domröse, hat im Westen bei Zadek und Tabori gespielt, bei Matthias Langhoff und Ingmar Bergman. Filmte bei Fassbinder, Haneke, Wedel. Er lehnte einen »Tatort«-Kommissar ab – nie verfiel er einer Prominenz, die ihn hätte trennen können von seiner Gabe und seiner Geduld für etwas Unzeitgemäßes: nämlich für jene Vorsicht, die Haltungsschäden verhindert. Er war, was er auch von Schall sagte: »Populär ist er wohl kaum, berühmt schon.«

EIN GESPRÄCH VON HANS-DIETER SCHÜTT. 2010

HANS-DIETER SCHÜTT: Hilmar Thate, mit welcher Gemütsverfassung bedenken Sie nunmehr Ihren Beruf?

HILMAR THATE: Dreißig Jahre jünger, und ich wäre wahrscheinlich ein unglücklicher Mensch. Mein Alter schützt mich.

Wovor?

Vielleicht mitmachen zu müssen, was ich nie mitmachen wollte. Dieses Beliebigkeitselend. Viele Schauspieler, aufgereiht an der Rampe, spielen nichts weiter als Einsamkeit. Das ist eine Folge des Neoliberalismus, der alles zerstückelt. Jeder Spieler hat ein Fragezeichen überm Bauch, und gestellt wird auch nur eine Bauchfrage – die aber keineswegs abendfüllend ist: Wer bin ich?

Die Grundfrage.

Ja, aber doch bitte schön in Beziehung zur Welt, zu deren Gefährlichkeit, zu deren Lügen, zu deren sozialen Verwerfungen, zu deren öder Kapitalisierung, zu deren Kriegen. Kunst und Medien: Da wird vieles auf interessant getrimmt – in Wahrheit ist alles bedeutungslos. Wo man auch hinhört: Jede natürliche Stimmlage wird überprustet. Und keine einzige Utopie wird mehr beschworen! Ach so, eine Krise hatten wir? Aber doch – so höre ich's säuseln – auf hohem Niveau, hier in Deutschland, wir wollen also, bittesehr, nicht jammern. Das ist eine Arroganz, die ekelt an.

Trotzdem: Diese Suche nach dem Ich ...

... ja ja, die Suche nach der Seele. Die ist doch – übrigens nicht nur in meinem Beruf – zu einer Suche nach der Marktlücke geworden. Zu viel Anpassung. Zu viel Angst, die Arbeit zu verlieren. Zu viel Bereitschaft, den Wert einer Arbeit an schneller, reizbetonter Wirkung zu messen und Popularität schon für das gelingende Leben zu halten. Man ist umzingelt von lauter aufgeplusterten Leuten – von denen ich mir nichts sagen lassen will.

Sie sagen das heiter.

Noch mal: Ich habe das rettende Ufer der Gelassenheit erreicht.

So ganz nehme ich Ihnen das nicht ab.

Sagen wir so: Ich beherrsche meine Traurigkeiten.

Gelassenheit – welche Philosophie liegt ihr zugrunde?

Sehen Sie, der Kalender meines Lebens sagt mir: Die Dinge, die noch kommen, sind sehr absehbar. Das Spiel auf der Bühne oder vor einer Kamera, das ist das eine; das Spiel des Lebens aber ist das andere, und dessen Bühne ist der Kosmos, und wir sind nicht mit den Hauptrollen besetzt worden, und schon gar nicht für ewig.

Dieser Gedanke macht ruhig?

Vielleicht sogar ruhiger, als es für ein waches Gewissen angeraten ist.

Was lesen Sie so?

Bücher, die mich in dem eben Gesagten befeuern. Stephen Hawking etwa. Die reine Abenteuerliteratur!

Über nichts und niemanden hat »Brecht-Schüler« Manfred Wekwerth, einst der wichtigste Regisseur am Berliner Ensemble, so viel gesprochen wie über Brecht. Mancher sagt, er behandle den Meister fortwährend wie einen Heiligen. Und Ihr Kollege Ekkehard Schall auch.

Verehrung, Respekt, zuneigungsvoller Umgang mit einem Großen – das ist natürlich verpönt in Zeiten wie der unseren. Heute zeigt sich Individualität angeblich nur in der Fähigkeit, andere abzukanzeln, niederzumachen, bei jedem nach Wundstellen zu suchen. Man ist in den Medien gierig darauf, Menschen zu ramponieren, bloßzustellen. Nur keine Berührtheit zugeben! Nur keine Begeisterung offenbaren! Entsetzlich. Zumal, wenn diese Verkrüppelung der Empathiefähigkeit auch noch als Unbestechlichkeit verkauft wird.

Sie selbst haben nicht bei Brecht gearbeitet.

Ich war als Anfänger in Cottbus engagiert, Bauerntyp, etwas grob, aber irgendwie seltsam genug, um aufzufallen. Der dortige Prinzipal, Hans Albert Schewe, schickte mich zum Vorsprechen ans Berliner Ensemble. Denn ich sei begabt und müsse raus aus der Provinz. Das war 1949. Helene Weigel lehnte mich aber ab. Klare Weisung: Geh, Buberl, lern erst mal sprechen.

Und Brecht?

Bei dem hatte ich ein Gespräch. Er war sehr freundlich. Er fragte und war wirklich an dem interessiert, was ich antwortete. Er hörte zu.

Ausgerechnet einem jungen Spund? Sie waren neunzehn.

Aufmerksam zu sein, das war offenbar eine Grundhaltung von ihm. Brecht guckte bei dem Gespräch nicht durch mich hindurch. Er sah mich an. Ich hatte das Glück, ihm von meinem Vater erzählen zu können. Der war Maschinenschlosser und im Arbeitergesangverein. Er liebte Verdi und Wagner, hatte sich sogar ein Grammofon gebaut. Nicht unbedingt die übliche Arbeiterart, das gefiel Brecht. Zudem konnte ich berichten, dass mein Vater diesen Hitler gehasst hatte, auch nicht unbedingt die übliche Arbeiterart, jedenfalls nicht zu jener Zeit, da es drauf angekommen wäre. Ich gebe zu, als Junge hätte ich zeitweise lieber einen Vater gehabt, der nicht so ein Außenseiter war.

Also besser ein Nazi?

Ja, so verrückt ist das. Aber das war nur eine momentane Empfindung. Ich bin mein Leben lang stolz gewesen, so 'nen kleenen Vater gehabt zu haben. Meine soziale Wurzel besaß immer Kraft.

Ihr Vater hatte Ihre künstlerischen Neigungen unterstützt?

Ja. Währenddessen meine Mutter das Schweinefutter rührte und bitterlich weinte. Sie dachte, ich würde bei den Gauklern verrückt werden oder ein Zuhälter.

Zurück zu Brecht. Sie unterhielten sich also ...

Ja, er saß im Schaukelstuhl, es war in Weißensee, in seinem Haus. Bis die Weigel den Kopf hereinsteckte und sagte, der Andersen-Nexö sei jetzt da. Brecht brachte mich sogar noch zur Straßenbahnhaltestelle vor der Tür und legte bei der Abfahrt ganz flott und elegant zwei Finger an die Mütze. Am Abend dann sah ich die legendäre »Courage«. Brecht hatte mir einen Zettel für die Theaterkasse geschrieben: »Herrn Thate in die Vorstellung setzen.«

Heute eine Reliquie für Sie.

Nee, ich Idiot gab den Zettel ab.

Wie fanden Sie die »Courage«?

Ich fuhr wie erschlagen nach Cottbus zurück, ich wollte den Beruf aufgeben. Ein Vernichtungs- und zugleich Erweckungserlebnis. Der Ikarussturz.

Hatte Ihnen Brecht Hoffnungen gemacht auf ein Engagement in seinem Berliner Ensemble?

Ja, er sagte, ich solle ihm, als Gedächtnisstütze, eine Karte schicken, und dann würden er und Erich Engel sich mit mir treffen und über eine Zusammenarbeit reden. Ich schrieb die Karte nie.

So ist das oft ...

Ja, man will unbedingt hinter die Horizonte, die Augen ziehen schon gewaltig – aber die Füße bleiben am Ort hängen. Jedenfalls kehrte ich zurück in meine Theater-Provinz und wollte wenigstens dort Revolution machen.

O Gott: Schauspieler und Revolution!

Stimmt. Das geht nicht zusammen. Das geht nie zusammen. Deshalb würde ich nie wieder Schauspieler werden. (*Lacht.*)

Revolution ist Ihnen wichtiger?

Jedenfalls ein paar Erkenntnisse sind mir wichtig, die nicht unbedingt dazu einladen, die Welt so belassen zu wollen, wie sie ist.

Zum Beispiel?

Die herrschende Moral ist immer die Moral der Herrschenden. Die sagen Demokratie, aber tun viel, damit die Leute unmündig bleiben.

Politik und ihre geschickte Verbreitungsmaschinerie!

Politik ist heute nur noch ein Verwaltungsapparat, von dem keine Integrationskraft, keine Inspirationskraft mehr ausgeht. Veränderung ist doch aber, wie es so schön heißt, das Salz des Vergnügens. Wieder Brecht: kritisch denken, dann die Erkenntnis aussprechen – und dann, vor allem und zu allem Ende, etwas tun, wirklich und konsequent praktisch werden!

Sind das auch die Ansichten, deretwegen Sie 1980 die DDR verließen?

Die DDR verließen Angelica Domröse und ich, weil wir uns nicht verbiegen lassen wollten. Ich sollte meine Unterschrift gegen den Biermann-Rausschmiss zurücknehmen, wegen mir gab's eine Vollversammlung der Akademie. Ich sagte: Nein! Dann war ich arbeitslos. Andererseits war dies auch wieder das Rührende an der DDR: wie die sich um ihre Künstler mühte, meistens dann, wenn es zu spät war. Bei mir dachten die, sie würden mich rumkriegen, auch, weil ich im Fernsehen proletarische Rollen gespielt hatte, in »Zement« und »Optimistische Tragödie«. Der Lamberz vom Politbüro sagte zu mir, nicht er würde beim Gang durch Berlin gegrüßt, sondern ich – schlimm sei das, wir Künstler würden wie »Rattenfänger« wirken, das müsse endlich unterbunden werden. Übrigens war es auf der erwähnten Akademiesitzung Ekkehard Schall, der keineswegs meiner Meinung zu Biermann war, aber aufstand und klar und fest zu meiner Verteidigung sprach und sagte: »Man muss sich einmischen!« Nicht mehr und nicht weniger hatte ich getan.

Was mögen Sie trotzdem noch immer am einstigen DDR-Bürger?

Heute? Der DDR-Bürger kann mit Scheitern umgehen, ist nicht so ein Großmaul, denkt konkreter, er ist nicht zugebunden wie eine glitzernde Einkaufstüte aus dem Edelkaufhaus.

Das ist doch aber nicht verallgemeinerbar.

Natürlich nicht. Es gibt Arschlöcher hier, Arschlöcher da. Die deutsch-deutsche Gemeinsamkeit besteht vielfach im Karrierismus, im Abducken. Und politisch links, das waren im Osten doch am wenigsten diejenigen, die es damals propagandistisch oder mitlaufend von sich behaupteten. Daher ist es einer Menge von Typen gelungen, sich erfolgreich auf den Weg in den Westen zu machen.

Was heißt das: erfolgreich?

Demokratisierung! Also: Aus einem unehrlich glühenden Kommunisten wird nahtlos ein ehrlich kalter Kapitalist.

Zitat Hilmar Thate: »Was wir früher zur Tugend erklärten, ist im Westen Gift, und heute ist überall Westen.«

Ja, Eigensinn, Kompetenz, Solidarität, Leistung vor Lobby. Das ist heute Gift für Aufstiege. Alles kostet Geld, Fragen halten auf, und wer sie trotzdem stellt, wird nicht unbedingt weiterempfohlen.

Ein trauriges Gesetz Ihres Berufes?

Meines Berufs, aller Berufe.

Engagiert wurden sie am Berliner Ensemble 1959, von Wekwerth.

Wir sahen uns zum ersten Mal bei einer Fete im Hause Stephan Hermlins. Er hatte mich am Gorki-Theater in Inge und Heiner Müllers »Lohndrücker / Korrektur« gesehen. Ich wollte da, ausgerechnet beim Stanislawski-Jünger Maxim Valentin, episches Theater machen, sprach also den Text unerträglich monoton. Auch da schon: Vollversammlung wegen mir. Ich blieb auch da schon stur.

Sturheit: Ihr Verhängnis?

Ich sag manchmal auch: mein Glück.

Wie lockte Sie das BE?

Wekwerth rief mich an: Wenn ich wolle, könne ich beim »Arturo Ui« dabeisein. Ich wollte. Wekwerth wurde wichtig und ein Freund. Mit allem Widerspruch, mit allem Hü und Hott.

Hü und Hott: Er auf Funktionärskurs, Sie dagegen gingen »rüber«.

Wie gesagt: Angelica und ich gingen nicht, wir wurden gedrängt. Aber: Die Arbeit damals am Berliner Ensemble, die war äußerst hellsichtig und aufbauend und witzig. Wir empfanden uns als Erzeuger von Kulturgeschichte. Ich ging immer beschwingt aus dem Theater, aß noch ein Mitternachtssteak im »Ganymed« nebenan und fühlte mich in Sternennähe. Niemandem wurde am Talent herumgerissen, wie Zadek das gern betrieb. Das Denken machte Spaß, der Spaß trieb das Denken weiter in Höhen. Und Tiefen. Und: Wekwerth hat mich mit Ekke Schall zusammengebracht, er und Peter Palitzsch. Das war eine schauspielerische Rivalität, für die ich meinem Schicksal noch immer dankbar bin.

Solche faszinierende Gegensätzlichkeit auf einer Bühne gab es nie wieder.

Dafür hatte ich immer nur einen Satz: Unsere Zeit gab uns keine Chance. Und dann sterben wir.

Nochmal: Wekwerth und Sie ...

Sein Ehrgeiz schien mir in zu viele Richtungen zu gehen, und der politische Ehrgeiz ist der falscheste für einen kindlichen Denker. Akademiepräsident! Zentralkomitee! Er hätte Regisseur bleiben sollen, er ist ein verdammt bemerkenswerter Regisseur.

Was heißt das?

Das meint die Ästhetik, ihre geradezu unerbittliche Vernünftigkeit, ihre Schärfe und doch Leichtigkeit.

Sie waren 1973 Wekwerths Furore machender Richard III. am Deutschen Theater.

Wekwerth war der Weigel zu wenig traditionsbewusst und verließ das Berliner Ensemble. Er war damals so einsam, wie er es nach dem Ende der DDR wurde. Die Vertreibung der Eliten: auch ein Werk der die Ost-Konkurrenz fürchtenden Rachegeister des Westens. Mich trennte, trennt politisch manches von Wekwerth. Aber das Trennende reichte nie, um mein freundliches Verhältnis zu ihm zu trüben. Es gibt im All, also auch in uns Kräfte, die rational nicht belegbar sind.

Warum waren Sie selber 1970 vom BE weggegangen?

Das Theater erstarrte. Die Weigel schrieb mir Briefe, heiter und scharf: »Kannst jederzeit zurückkommen, hier gehörst Du her.« Gekündigt hatte ich mit dem Satz, ich wolle Brecht nicht zweimal beerdigen.

Ekkehard Schall und Hilmare Thate in »Coriolan«, Berliner Ensemble

Sie sprachen vom Spiel des Lebens. Was ist das?

Wir sind auf die Erde geworfen und haben eigentlich nur eine einzige Chance, um zu uns zu kommen, bei uns zu bleiben: Liebe. Aber auch die ist eingebunden ins Närrische unserer Situation.

Närrisch?

Ja, wir häufen Wissen an, um nur immer zu erfahren, dass wir bezüglich der letzten Dinge unwissend bleiben. Eine Tür ins Helle wird aufgestoßen, und dahinter? Tieferes Dunkel als vorher.

Noch ein Zitat von Ihnen: »Wir werden gebeutelt, gehoben, fallengelassen, dürfen Schönheiten und Scheußlichkeiten erfinden, entdecken!«

Aber wir bleiben, was wir sind, Spiel der Natur von Mikro bis Makro. Am Anfang der Urknall, am Ende dann wir – leider die Urknallkörper der Evolution.

Die die Welt kaputtmachen?

Nee, wir machen nur uns selber kaputt.

Herr Thate, kommt es im Leben auf Glück oder Unglück an?

Eher auf Verstand und Anmut.

Haben Sie Zukunftsangst?

In vier Milliarden Jahren trifft der Andromedanebel auf die Milchstraße.

Oh! Schon?!

Sehen Sie! Damit ist Ihre Frage doch wohl beantwortet.

Das Gespräch erschien in »Neues Deutschland«, 17./18. Dezember 2010.

JOHANNA SCHALL

... IST VERGÄNGLICH

Leipzig 1996, meine erste Premiere als Regisseurin auf einer großen Bühne, »Frühlingserwachen«; meine persönliche Fangruppe bestehend aus Mutter und Vater (also muss ich sie mit meiner Schwester, der Kostümbildnerin, teilen) ist angereist, sehr aufgeregt und rührenderweise sehr stolz. Viele der Darsteller sind Schauspielstudenten, und mein Vater wandert nach der Vorstellung durch das Foyer und gratuliert, meine Mutter kurz hinter ihm, nutzt Pausen, um erklärend einzuwerfen: »Er ist vom Fach!« Sie will dem Lob dadurch größeren Wert geben, aber es schließt ein, dass viele der Kleinen noch nie von Ekkehard Schall gehört haben.

Na klar, Bühnenruhm ist gebunden an das Auf-der-Bühnesein, die aktuellen Theatermoden und die Launen des Feuilletons. Weiß jeder. Schmerzhaft ist es trotzdem. Und immerhin: Er hat gespielt bis zum Schluss. Gott sei Dank.

Johanna Schall, 1958 in Berlin geboren: Wenn man sie am Deutschen Theater spielen sah (und in Filmen wie »Haus am Fluss«, »Blonder Tango« oder »Selbstversuch«), dann war da immer eine schillernde Bruchstelle zwischen Scheu und Frechheit, burschikosem Witz und tiefweiblicher Sanftheit. Studiert hat sie an der Berliner Hochschule für Schauspielkunst »Ernst Busch«. Die Regisseurin war fünf Jahre Schauspieldirektorin am Volkstheater Rostock und arbeitet als Gastdozentin an der University of Toronto.

BIOGRAFISCHES

Der Schauspieler

Ist er vernarrt in gebundene Sprache, wird er die Stimme kultivieren, um die Verse und die Poesie über die Rampe zu bringen. Liebt er die dramatische Zuspitzung, wird er seine Leidenschaften kultivieren und nur die Heftigkeit der menschlichen Beziehungen in den Vordergrund rücken. Liebt er Zärtlichkeit und Tränen, wird er eben diese allerorten entdecken, wo wie der im Grunde seiner Seele Grausame die menschlichen Züge auf diese seine Vorliebe reduzieren wird. Der tänzerisch Begabte wird Melodien und Rhythmen hervorbringen, die für ihn in dem Stück eingeschlossen sind, und der, der zu diesem oder jenem besonderen Talent auch noch klug ist, wird, wenn er den Beruf nicht aufgibt, sich überlegen müssen, ob dieses Handicap mit den großen Theaterwirkungen zu vereinbaren ist oder diese nur stört. Des Gedankens Blässe ist weiß Gott nicht hilfreich, wo der Künstler in der Rolle Bäume ausreißen, für seine Geliebte Sterne pflücken, utopische Entwürfe schmackhaft machen oder einfach das Publikum mitreißen, schockieren, zum Lachen bringen will.

Aus: Ekkehard Schall: Meine Schule des Theaters. Seminare, Vorlesungen, Demonstrationen, Diskussionen.

EKKEHARD SCHALL

geboren am 29. Mai 1930 in Magdeburg
1946-1948 Städtische Bühnen Magdeburg
1948-1950 Stadttheater Frankfurt/Oder
1951-1952 Neue Bühne Berlin
1952-1995 Berliner Ensemble
1977-1989 stellvertretender Intendant
Gestorben am 3. September 2005

Gastrollen an der Volksbühne, am Schiller Theater Berlin, am Haus der Berliner Festspiele, in Salzburg, am Schlosspark Theater Berlin, am theater 89, im Theater im Palast (TiP), bei den Ruhrfestspielen Recklinghausen, im Thétre Vidy Lausanne, am Moving Theatre London. Brecht-Abende in mehreren Ländern Europas, in den USA und Kanada, in Australien und Israel.

Zahlreiche internationale Preise. 1985 erhielt er in New York den renommierten Obie Award für den Brecht-Abend »An Evening with Ekkehard Schall«, eine Off-Broadway-Theaterproduktion.

Bücher:
»Meine Schule des Theaters.« Seminare, Vorlesungen, Demonstrationen, Diskussionen. Suhrkamp Verlag Frankfurt am Main 2001.
»Buckower Barometer«. Gedichte. Insel Verlag 2002.
»auf mir ein Makel nun, wie sichs gehört«. Auftauchende Bilder. Gedichte und Miniaturen. Verlag Janos Stekovics. Dößel (Saalekreis) 2005.
»Tiergeschichten«. Gedichte für Kinder. Mit Bildern von Volker Pfüller. Insel Verlag 2006.

Die Fotografin Vera Tenschert hat den großen Brechtdarsteller nicht nur in seinen Rollen festgehalten, sondern auch den privaten Menschen mit der Kamera begleitet: den Familienvater, den temperamentvollen Unterhalter, den nachdenklichen Freund, den naturverbundenen Lyriker. Und sie hat Kollegen und Wegbegleiter nach ihren Erinnerungen befragt. Entstanden ist ein opulenter Bild-Text-Band, der uns den Menschen und Vollblutschauspieler Schall zeigt und zugleich eine Theaterepoche dokumentiert.

Vera Tenschert

Ekkehard Schall
Von großer Art

mit zahlreichen Abbildungen
192 Seiten
geb., mit Schutzumschlag
24,95 €

ISBN 978-3-360-01986-8

Fotos: Vera Tenschert

Wir danken der Akademie der Künste Berlin für die freundliche Genehmigung zum Abdruck der Fotos.

Das Interview von Ingeborg Pietzsch und Martin Linzer mit Barbara Brecht-Schall erscheint mit freundlicher Genehmigung des Verlages Theater der Zeit.

»Der Schauspieler«, aus: Ekkehard Schall, Meine Schule des Theaters. Seminare, Vorlesungen, Demonstrationen, Diskussionen. © Suhrkamp Verlag Frankfurt am Main 2001. Alle Rechte bei und vorbehalten durch Suhrkamp Verlag Berlin.

»Schall Cariolan«, aus: Heiner Müller, Werke, Band 1: Die Gedichte. © Suhrkamp Verlag Frankfurt am Main 1998. Alle Rechte bei und vorbehalten durch den Suhrkamp Verlag Berlin.

ISBN 978-3-360-02190-8

1. Auflage 2014
© Das Neue Berlin Verlagsgesellschaft mbH, Berlin
Umschlaggestaltung: Verlag unter Verwendung eines Foto von Maria Steinfeldt
Druck und Bindung: GGP Media GmbH, Pößneck

www.das-neue-berlin.de